O NOVO CÓDIGO DE PROCESSO CIVIL

Reflexões sobre um equívoco

Artur Cavalcanti
Francisco Cavalcanti

Prefácio
Walber de Moura Agra

O NOVO CÓDIGO DE PROCESSO CIVIL
Reflexões sobre um equívoco

Belo Horizonte

2020

© 2020 Editora Fórum Ltda.

É proibida a reprodução total ou parcial desta obra, por qualquer meio eletrônico, inclusive por processos xerográficos, sem autorização expressa do Editor.

Conselho Editorial

Adilson Abreu Dallari
Alécia Paolucci Nogueira Bicalho
Alexandre Coutinho Pagliarini
André Ramos Tavares
Carlos Ayres Britto
Carlos Mário da Silva Velloso
Cármen Lúcia Antunes Rocha
Cesar Augusto Guimarães Pereira
Clovis Beznos
Cristiana Fortíni
Dinorá Adelaide Musetti Grotti
Diogo de Figueiredo Moreira Neto (*in memoriam*)
Egon Bockmann Moreira
Emerson Gabardo
Fabrício Motta
Fernando Rossi
Flávio Henrique Unes Pereira

Floriano de Azevedo Marques Neto
Gustavo Justino de Oliveira
Inês Virgínia Prado Soares
Jorge Ulisses Jacoby Fernandes
Juarez Freitas
Luciano Ferraz
Lúcio Delfino
Marcia Carla Pereira Ribeiro
Márcio Cammarosano
Marcos Ehrhardt Jr.
Maria Sylvia Zanella Di Pietro
Ney José de Freitas
Oswaldo Othon de Pontes Saraiva Filho
Paulo Modesto
Romeu Felipe Bacellar Filho
Sérgio Guerra
Walber de Moura Agra

FÓRUM
CONHECIMENTO JURÍDICO

Luís Cláudio Rodrigues Ferreira
Presidente e Editor

Coordenação editorial: Leonardo Eustáquio Siqueira Araújo
Aline Sobreira de Oliveira

Av. Afonso Pena, 2770 – 15º andar – Savassi – CEP 30130-012
Belo Horizonte – Minas Gerais – Tel.: (31) 2121.4900 / 2121.4949
www.editoraforum.com.br – editoraforum@editoraforum.com.br

Técnica. Empenho. Zelo. Esses foram alguns dos cuidados aplicados na edição desta obra. No entanto, podem ocorrer erros de impressão, digitação ou mesmo restar alguma dúvida conceitual. Caso se constate algo assim, solicitamos a gentileza de nos comunicar através do *e-mail* editorial@editoraforum.com.br para que possamos esclarecer, no que couber. A sua contribuição é muito importante para mantermos a excelência editorial. A Editora Fórum agradece a sua contribuição.

Dados Internacionais de Catalogação na Publicação (CIP) de acordo com a AACR2

C376n	Cavalcanti, Artur
	O novo Código de Processo Civil: reflexões sobre um equívoco / Artur Cavalcanti, Francisco Cavalcanti.– Belo Horizonte : Fórum, 2020.
	155 p.; 14,5x21,5cm ISBN: 978-65-5518-028-2
	1. Direito Processual Civil. 2. Direito Constitucional. 3. Cavalcanti, Francisco. I. Título.
	CDD 341.46 CDU 347.9

Elaborado por Daniela Lopes Duarte – CRB-6/3500

Informação bibliográfica deste livro, conforme a NBR 6023:2018 da Associação Brasileira de Normas Técnicas (ABNT):

CAVALCANTI, Artur; CAVALCANTI, Francisco. *O novo Código de Processo Civil*: reflexões sobre um equívoco. Belo Horizonte: Fórum, 2020. 155 p. ISBN 978-65-5518-028-2.

À memória de:
Francisco Britualdo B. Cavalcanti
e Flávio de Queiroz B. Cavalcanti
(ontem)

E para
Alice, Beatriz e Henrique
(o amanhã)

Agradecimento pelo apoio ao caro Walber Agra.

SUMÁRIO

PREFÁCIO
UM DNA QUE DIGNIFICA A CULTURA JURÍDICA 11

INTRODUÇÃO 17

CAPÍTULO I
CONSIDERAÇÕES PROPEDÊUTICAS 31

CAPÍTULO II
PRINCIPIOLOGIAS E INCERTEZAS 41

CAPÍTULO III
PRINCÍPIOS, SONHOS E INEFICIÊNCIA 49

CAPÍTULO IV
BREVES REFERÊNCIAS ACERCA DA EVOLUÇÃO DO
DIREITO PROCESSUAL CIVIL BRASILEIRO 61

CAPÍTULO V
EXEMPLIFICAÇÕES DE EQUÍVOCOS DO NOVO CÓDIGO
DE PROCESSO CIVIL 71

CAPÍTULO VI
"ALGUMAS ILHAS DE EFICIÊNCIA" NA PROTEÇÃO DE
DIREITOS, REPRESENTATIVAS DA DESIGUALDADE DA
SOCIEDADE BRASILEIRA 79

CAPÍTULO VII
ALGUNS EQUÍVOCOS DO NOVO CÓDIGO DE
PROCESSO CIVIL 99

CAPÍTULO VIII
ESTATÍSTICAS QUE CONTRARIAM PROCESSUALISTAS 129

CAPÍTULO IX
ALGUMAS CONCLUSÕES E PROPOSTAS 141

REFERÊNCIAS...151

PREFÁCIO

UM DNA QUE DIGNIFICA
A CULTURA JURÍDICA

Recebi com muita honra o convite para escrever o prefácio do livro "*O Novo Código de Processo Civil Brasileiro*", escrito pelos professores Francisco Cavalcanti e Artur Osmar Cavalcanti. Francisco, que foi meu professor, dispensa maiores apresentações, não pelo avolumar de seus passos, que apenas aprimora sua capacidade intelectual, mas pela fecunda produtividade intelectual nos mais variados cargos que exerceu ao longo de sua trajetória. Artur, que tive a honra de ser seu professor e orientador no programa de pesquisa científica (interessante como a vida permite essas continuações segmentadas e dessegmentadas), desde os albores, já demostrava que destravaria os caminhos das veredas intelectuais. Sem aventar-me a exercer o papel de Tiresias, o seu caminho será tão fecundo quanto o palmilhado pelo seu genitor.

O pórtico da obra inicia com uma preocupação intelectual bastante justificada acerca da epistemologia dos autores a partir de um juízo sobre o conjunto de problemas preexistentes, em que conceitos são reproduzidos sem acuidade de saber se o suporte fático se adéqua ou não à norma de incidência. Evoluem nas críticas para asseverar que esse "algo novo", muitas vezes ou quase sempre, representará, quando muito, uma singela novidade.

Com a fidalguia que lhes é peculiar, os professores foram módicos para assinalar que parte significativa das obras acadêmicas no Brasil não passa de releituras em que nadam acrescentam às problemáticas locais, utilizando-se, na maioria das vezes, de *standards* internacionais que passam ao largo das métricas exigidas pela seara fática. A grande maioria dos que habitam o plano acadêmico tem um "eu transcendental" gigante, sem querer prestar contas com o seu "eu pragmático", que se constitui como um pigmeu. Não há acuidade na utilização dos silogismos jurídicos, da adequação dos postulados teóricos ou na preocupação com a coerência das decisões. O Direito, infelizmente, tornou-se uma espécie de *fast food* intelectual, em que pessoas ordinárias, comuns, vangloriam-se incessantemente em razão da existência de um conhecimento que não ostentam.

O objeto de análise cinge-se ao atual Código de Processo Civil, que foi recebido e decantado de forma alvissareira como um instrumento para a agilização e aprimoramento da prestação jurisdicional no Brasil. A crítica desferida é lancinante, pois dá conta de um academicismo pouco prático, de interesse dos advogados e de outros grupos que funcionaram em tons divergentes nas assessorias do Congresso Nacional, apresentando uma profusão de elementos que mais lembravam a ambiência narrativa de uma obra de Mary Shelley, figuradamente escolhida para designar um produto de natureza polimorfa, sem uma sistematização adequada para atender às suas finalidades.

O principal foco das críticas dos professores Francisco e Artur Cavalcanti é a abundância de princípios contidos no Código de Processo Civil, constituindo-se como um de seus alicerces. A principiologia normativa foi utilizada como um elixir para solucionar várias demandas do nosso sistema jurídico. Todavia, ao mesmo tempo em que propicia uma esfera de interseção entre a esfera moral e a jurídica, evitando *gap's* normativos, proporciona os pressupostos para a intensificação da judicialização e do voluntarismo acachapante nas decisões judiciais. Configura-se tautológico que a utilização exacerbada de princípios, na forma como ocorre no Brasil, a despeito de cominações deônticas estipuladas em dispositivos normativos, prestigia o subjetivismo como um dos alicerces interpretativos do novo Código de Processo Civil, o que acarreta instabilidades e inseguranças para a estabilização das decisões judiciais.

Não se pode dizer que o arcabouço principiológico, *a priori*, seja um instrumento que enfraquece a densidade concretiva de um sistema jurídico. No caso tupiniquim, seu fator teleológico é justamente o contrário, pois foi diante da hipossuficiência material decorrente da primazia dos recursos orçamentários para o sistema financeiro que se optou pela repetição exaustiva dos princípios, tencionando-se aumentar sua força normativa, no que se relegaram as lições de Lassalle, de que toda as vezes que uma constituição afronta os fatores reais de poder ela sofre a condenação de se tornar uma simplória folha de papel.

Os diletos amigos chamam a atenção de que a constitucionalização do Direito Civil, Administrativo, Tributário, Financeiro, Trabalhista etc. seria o caminho para assegurar a concretização dos direitos que orbitam por estas searas. Todavia, a realidade demostra que essa foi uma ideia romântica, equivocada, diante das condições insuficientes para a materialização desses direitos, especificamente em virtude de um abismo entre a normalidade e normatividade. Sente-se que a utilização de princípios serve para pôr em destaque inspirações metajurídicas, muitas vezes sem ligações com os dispositivos deontológicos, o que provoca uma debilidade da densidade sistêmica do ordenamento normativo. Como exemplo, citam as mais variadas interpretações dadas ao princípio da razoabilidade, timoneada ou não pela ponderação de princípios. Em relação a essa temática específica, a confusão conceitual é ainda pior, pois inexistem definições precisas no que tange à aplicação da proporcionalidade, da razoabilidade e da ponderação de princípios no Supremo Tribunal Federal; seja em nível teorético, seja em nível jurisprudencial. Vê-se, diante disso, que chegam à conclusão de que a valorização excessiva dos princípios no Código de Processo Civil foi uma de suas piores máculas.

Sinalizam que diferentemente do Código "Buzaid", que tinha uma marcante linha de conduta, e mesmo do Código anterior de 1939, o atual parece uma colcha de retalhos, ao estilo das antigas costureiras que aproveitam retalhos dos mais variados matizes. Acrescentam um elemento que ainda não foi devidamente estudado com acuidade, que é o "custo Brasil", advindo das incertezas e das provisões canalizadas para demandas judiciais, que estimulam a insegurança jurídica na malsinada "loteria jurisprudencial".

Argumentam que há uma baixa produtividade nacional no sistema judiciário brasileiro, que é retratada pelas estatísticas abrangentes do Conselho Nacional de Justiça, no que essa aporia ainda não foi solucionada pela nova legislação. Eles renegam a revolução copernicana arquitetada pelo recente conjunto normativo, asseverando que não passa de mais uma norma que não tem aderência com a realidade. É que se tenta regulamentar as minúcias do processo, mas sem oferecer uma saída para a morosidade, o engessamento excessivo, a negligência das premências econômicas e o relego aos hipossuficientes sociais que são alienados das peculiaridades das decisões judiciais.

Os professores Francisco e Artur defendem a simplificação dos procedimentos, com a agilização das comunicações processuais, reforçando os prazos comuns; a supressão das remessas de ofício; a simplificação das execuções; da redução de precatórios judiciais, com ampliação das hipóteses da RPV; a possibilidade da aplicação de *astreintes* em relação às autoridades públicas, quando forem refratárias ao cumprimento de decisões judiciais; a previsão de sistema de custas progressivas, de relevante valor para acesso às Cortes Superiores; a possibilidade de produção de provas extrajudicialmente, quando as partes não forem hipossuficientes, etc. Eles são entusiastas na utilização de inteligência artificial, que, sendo devidamente programada através de sistemas de algoritmos comprovadamente testados, podem acessar as vias da celeridade no proferimento de decisões, mormente as que tratam de questões de menor complexidade.

A prova irrefutável de que as alterações promovidas pelo Código de Processo Civil de 2015 não foram a solução mais eficiente para a celeridade e para o descongestionamento processual são os dados revelados pelo CNJ, que demostram, em linhas gerais, que não houve uma diminuição no tempo de resolução processual.

Com a inquietude intelectual que lhes é apanágio, os mencionados autores lançam uma crítica fecunda ao Códex processual, não apenas tópica, mas estabelecendo diretrizes para sua reestruturação, através de uma avaliação interdisciplinar que possa incorporar os custos de transação. Para tanto, lançam mão dos estudos de Posner, corifeu da análise econômica do Direito, no sentido de que o processo não é um *a priori* kantiano, constituindo-se, a bem da verdade, em um instrumental que não deve ser enfocado sem suas consequências pragmáticas, sob pena de ostentar apenas um valor simbólico.

Portanto, essa obra é ousada, pois além de adentrar em uma seara defendida à exaustão por inúmeros processualistas, analisa um instrumento normativo ainda relativamente recente, estimula depreensões metajurídicas, com a análise econômica do direito, e propõe alterações pontuais que garantiriam a eficiência do processo. O resultado é uma tentativa de plasmar uma episteme que possa agasalhar o individual e o abstrato. A tarefa se configura como hercúlea, no entanto se amolda perfeitamente à inquietude intelectual dos professores Francisco e Artur. Com isso, demonstra-se, às claras, que a evolução das espécies de Darwin resta incontestável, pois o DNA inoculado se aprimora de geração em geração, como podem atestar as biografias de professores e intelectuais como Francisco Britualdo, Flávio Queiroz e Bruno Cavalcanti. Esse DNA tão pujante, acrescido do esforço e dedicação individual de cada um deles, nos outorgou uma das mais tradicionais estirpes da *intelligentsia* brasileira.

Walber de Moura Agra
Livre-docente pela USP (Universidade de São Paulo). Professor da Faculdade de Direito do Recife. Membro do PPGD da UFPE. Professor visitante do doutorado da Università degli Studi di Salento. *Visiting Research Scholar* of Cardozo Law School. Professor visitante da *Université Montesquieu Bordeaux IV*. Membro Correspondente do Cerdradi – *Centre d'Études et de Recherches sur les Droits Africains et sur le Développement Institutionnel des Pays en Développement*. Diretor do Instituto Brasileiro de Estudos Constitucionais. Membro da Comissão de Estudos Constitucionais do Conselho Federal da OAB. Procurador do Estado de Pernambuco. Advogado.

INTRODUÇÃO

1. As teses e as monografias jurídicas, regra geral, têm similares instrumentos de construção. Parte-se da fixação de uma hipótese de trabalho, de um juízo prévio acerca de um, ou de um conjunto de problemas, palmilham-se fontes de pesquisas, na maioria das vezes, trabalhos preexistentes sobre o tema e sobre aqueles a eles relacionados, delineia-se a questão jurídica e tenta-se contribuir com algo "novo". Sem olvidar, naturalmente, que esse "algo novo" em termos de ciências sociais, muitas vezes, ou quase sempre, representará, quando muito, uma singela novidade, diferentemente do que pode acontecer, com mais frequência, no campo das ciências exatas, ou mais exatas, pois a pretensa exatidão absoluta já foi há muito superada.[1] Aqui, a partir de conhecimentos acumulados dos autores, fez-se um juízo prévio sobre o atual Código de Processo Civil, as circunstâncias de sua edição, os naturais interesses dos reformadores e dos grupos que os inspiraram, que os influenciaram, examinou-se o produto dessa ação não harmônica,

---

[1] Não se olvide, mesmo no campo da Física, a construção da Teoria da Relatividade (Albert Einstein): "... all motion must be defined relative to a frame of reference and that space and time are relative, rather than absolute concepts: it consists of two principal parts. The theory dealing with uniform motion (special theory of relativity or special relativity) is based on the two postulates that physical laws have the same mathematical form when expressed in any inertial system, and the velocity of light is independent of the motion of its source and will have the same value when measured by observers moving with constant velocity with respect to each other. Derivable from these postulates are the conclusions that there can be no motion at a speed greater than that of light in a vacuum, mass increases as velocity increases, mass and energy are equivalent, and time is dependent on the relative motion of an observer measuring the time. The theory dealing with gravity (general theory of relativity or general relativity) is based on the postulate that the local effects of a gravitational field and of acceleration of an inertial system are identical". www.dictionary. com/browse/general-theory-of-relativity, cuja leitura tem aplicação, sem dúvida, ao campo das ciências sociais. P. EX., relevante a consulta de "The social roots of Einstein's theory of relativity", de Lewis S. Feuer B.Sc. Ph.D.
Pages 277-298 | Published online: 28 Jul 2006, https://doi.org/10.1080/00033797100203797.

para se chegar às conclusões acerca do que se elaborou e dos resultados decorrentes, já sendo possível fazer uma razoável avaliação, mais realista e menos retórica após cinco anos de entrada em vigor do texto.

No patamar do desenvolvimento científico e de ramos de conhecimento de cientificidade duvidosa, como o Direito, pouco se acresce, mas sempre é possível ver algo de novo, alguma forma ou fórmula, diferenciada. Aqui se tem essa ousada pretensão, mostrar que o hermetismo do Direito, sobretudo da visão acadêmica do Direito, nem sempre, ou quase nunca, alcança os elevados fins propostos. É necessário ter uma visão mais interdisciplinar em havendo efetiva pretensão de mudança, sob pena de as soluções jurídicas se tornarem paulatinamente obsoletas. No mundo jurídico, a miopia acerca do entorno fático, o "jurídico-centrismo", é uma realidade lamentável, que leva muitas vezes ao desvalor do Direito como instrumento capaz de influenciar na melhoria da sociedade, na construção e consolidação de direitos fundamentais.

Em uma sociedade profundamente desigual, como a brasileira,[2] como a concentração de renda é muito alta e a capacidade de influir na elaboração das normas jurídicas pelos grupos encastelados lá no topo da pirâmide é muito maior, naturalmente, que a daqueles que estão na base, o resultado é que o ordenamento jurídico quase sempre funciona como mecanismo de contenção e não de reforma da sociedade.[3]

2. Aqui se pretende desenvolver um estudo ou pelo menos apresentar um conjunto de reflexões acerca do novo CPC, mas não numa "microdogmática", descrevendo o instrumental nele inserido, e sim a partir de uma macrovisão desse texto, procurando delinear alguns de seus traços, sobretudo principiológicos, e tentando apontar seu relativo insucesso como instrumento de pacificação social, procurando demonstrar que, sem uma visão do mundo real, injusto e desigual, onde

---

[2] Consulte-se: *Relatório de Desenvolvimento Humano de 2019, intitulado "Além da renda, além das médias, além do hoje: desigualdades no desenvolvimento humano no século XXI"*. Disponível em: https://www.br.undp.org/content/brazil/pt/home/presscenter/articles/2019/condicoes-de-partida-podem-determinar-desigualdades-no-futuro--r.html.

[3] Poder-se-iam citar muitos exemplos. A Constituição Federal prevê a desapropriação "da grande propriedade improdutiva", para fins de reforma agrária, os requisitos para que tal ocorra e o centralismo da competência na União Federal fazem com que, na prática, tal previsão funcione como um conjunto "quase vazio". Outro exemplo é o da proteção ao meio ambiente, inserido no art. 170, da Constituição Federal, como princípio da Ordem Econômica, com efetividade mitigada por uma legislação desconstrutiva, como se observou com a edição do "Novo Código Florestal – Lei nº 12.651, de 25.05.2012), e também pelas estruturas deficientes de entes responsáveis pela proteção ambiental federal, como o IBAMA e o ICMBIOS.

muitas vezes dissimuladas soluções jurídicas se escondem, não há como se ter um aprimoramento do texto processual civil geral.

Em verdade, são reflexões a partir da experiência jurídica dos autores. Como se verá, ou, ao menos se tentará demonstrar, aqui, muitas soluções jurídicas hoje existentes servem, eficientemente, para dissimuladamente amparar e proteger aqueles já melhor aquinhoados, social e economicamente, deixando o grande contingente da população no "SUS-JUDICIÁRIO".[4] Entenda-se, com a remessa dos mais desvalidos para uma estrutura judiciária anacrônica, obsoleta, sem demérito para os seus integrantes. Muitas vezes formas antigas são restauradas com novas roupagens. Pode-se exemplificar com a extinção dos Tribunais de Alçada pela Constituição de 1988 e o surgimento de cortes de alçada como as Turmas recursais dos Juizados Especiais.

O processo civil deve ser idealmente imaginado como um instrumento para a pacificação social, para a solução de conflitos, ao lado de formas ou fórmulas alternativas e complementares de composição, como a mediação e a arbitragem. Nesse contexto, há a necessidade de celeridade, justiça e eficiência, o que, comprovadamente, não se obteve com o "Novo CPC". Os Relatórios Estatísticos do CNJ demonstram tal fato.

Ideias de processo como arena para vitórias e derrotas nem sempre, ou quase nunca, são as mais adequadas para a sociedade hodierna, para as gerações atuais e, sobretudo, as futuras. Soluções de instância única, como as *arbitragens*, já utilizadas nos conflitos com grande interesse econômico, poderiam ser aperfeiçoadas, partindo-se, inclusive, do princípio da isonomia. O reconhecimento da Administração Pública como uma parte que deveria ser, o mais possível, tratada nas lides processuais[5] com igualdade em relação às demais partes, muitas delas com muito menor arsenal jurídico para litigar em Juízo, é um dos aspectos que mereceriam ter tido melhor tratamento na legislação processual implantada.

---

[4] Nota: sem qualquer referência depreciativa ao sistema SUS de saúde, que, fruto da universalidade do acesso à saúde constitucionalmente previsto, não tem condições de atender aos enormes contingentes populacionais que procuram as unidades de saúde, tal como ocorre com os milhões que batem à porta do Judiciário e esperam por cerca de oito anos (dados do CNJ) a tardia satisfação de seus direitos e pretensões.

[5] Nota: a contrariedade a esse posicionamento seria invocar-se, de pronto, o *interesse público* que estaria a amparar as ações do Estado. A assertiva é superficial, até tola, quando tal não se invoca, por isonomia nos grandes conflitos arbitrais; e, quando se pode, no mundo fático, constatar que a estrutura jurídica das procuradorias públicas tem, efetivamente, muito mais condições de bem defender os interesses estatais que os advogados contratados pela maior parte da população brasileira.

Por outro lado, as construções doutrinárias que embasaram os inspiradores do novo CPC foram feitas, sobretudo, com base em processos do passado, lançados em plataformas físicas, imobilizantes, sem as agilidades do processo digital. A interdisciplinaridade deveria estar mais presente na construção do texto. Não é difícil concluir que a construção do Novo CPC, fora outros equívocos, pecou pela limitada visão de futuro de um modelo que não deve ser dos antigos padrões escritos digitalizados, mas de uma visão compatível, inclusive, com o acesso simultâneo dos autos a ambas as partes, com a redução de prazos à "pré-ordenação" dos atos procedimentais, tal como ocorre nas mais organizadas arbitragens.

3. Sabe-se, por óbvio, que a ciência processual em geral, civil, criminal e administrativa, evoluiu substancialmente no século XX, ganhou autonomia científica[6] e tornou-se com as ações coletivas, com as *class actions*, sobretudo no início do século XXI, relevante instrumento de pacificação social. Mas sabido é que o desenvolvimento da ciência processual não é fim em si mesmo. Essas ações coletivas precisariam ser mais bem *tratadas*, pois, recentemente, tem-se constatado que suas más utilizações têm servido para prejudicar, mais que servir de amparo, em se tratando de direitos individuais homogêneos, como em grandes desastres ambientais, onde, por vezes, ações de legitimados extraordinários têm mitigado direitos básicos, flagelados por grandes violações.

4. O processo é instrumental, sem pretender restaurar a velha dicotomia do direito adjetivo e do direito material, como todo o direito, em última análise o é, seu aperfeiçoamento está condicionado a uma série de fatores, muitos dos quais não jurídicos.[7] O processo deve ter

---

[6] Não se pode olvidar a teoria da ação desenvolvida por Adolf Wach, a partir da qual o Direito Processual ganhou autonomia, afastando-se da ideia de que a cada "direito material" corresponderia um direito de ação.

[7] Não se olvide que vários dos aperfeiçoamentos do sistema processual só foram possíveis através do uso densificado das evoluções da informática e da utilização das redes de computadores. P.E.: As comunicações (notificações / intimações e citações eletrônicas); os precatórios eletrônicos, hoje utilizados como instrumento regular para o pagamento dos débitos fora da alçada dos RPVs, inclusive com a possibilidade de pagamento em qualquer agência dos respectivos bancos pagadores (Caixa Econômica Federal ou Banco do Brasil). Constata-se, sem dúvida, que com a ampliação de vias interdisciplinares, com a agregação de conhecimentos de outras ciências, como a informática e a estatística, será mais fácil evoluir nas soluções de conflitos, inclusive com a utilização de novos equipamentos de inteligência artificial, aptos a apresentar soluções a partir das inúmeras questões similares já arquivadas e processadas. Os *algoritmos* matemáticos, utilizados por meio da informática, representarão um grande instrumento nas futuras soluções de conflitos (vide: cyber.harvard. edu: AL: algorithms and Justice – Chris Bavitz).

hodiernamente um papel como instrumento de solução rápida, justa e eficaz de conflito, é como se destaca na exposição de motivos da Ley de Enjuiciamiento Civil espanhola:

> el derecho de todos a una tutela judicial efectiva, expresado en el apartado primero del artículo 24 de la Constitución, coincide con el anhelo y la necesidad de Justicia Civil nueva, caracterizada precisamente por la efectividad. Justicia civil efectiva significa, por consubstancial al concepto de Justicia, plenitud de garantías procesales. Por tiene que significar, a la vez, una respuesta judicial más pronta. Mucho más cercana en el tempo a las demandas de tutela, y con mayor capacidad de transformación real de las cosas. Significa, por tanto, un conjunto de instrumentos encaminados a lograr un acortamiento del tempo necesario para una definitiva determinación de lo jurídico en los casos concretos, es decir, sentencias menos alejadas del comienzo del proceso, medidas cautelares más asequibles y eficaces, ejecución forzosa menos gravosa para promoverla y con más posibilidades de éxito en la satisfacción real de los derechos e intereses legítimos.[8]

O texto da Constituição Espanhola (art. 24) viria a influenciar a inserção na Constituição brasileira do princípio da *razoável duração do processo*.[9] Princípio esse que, infelizmente, não alcançou "razoável nível de concretude" no Brasil.[10] No período pós Emenda Constitucional

---

[8] AROCA, Juan Montero; CALDERÓN CUADRADO, María Pía. *Ley de Enjuiciamiento Civil*. 24. ed. Valencia: Tirant lo Blanch, 2013. p. 55.

[9] Constituição espanhola: (...) 24 1. Todas las personas tienen derecho a obtener la tutela efectiva de los jueces y tribunales en el ejercicio de sus derechos e intereses legítimos, sin que, en ningún caso, pueda producirse indefensión.2. Asimismo, todos tienen derecho al Juez ordinario predeterminado por la ley, a la defensa y a la asistencia de letrado, a ser informados de la acusación formulada contra ellos, a un proceso público sin dilaciones indebidas y con todas las garantías, a utilizarlos medios de prueba pertinentes para su defensa, a no declarar contra sí mismos, a no confesarse culpables y a la presunción de inocencia. La ley regulará los casos en que, por razón de parentesco o de secreto profesional, no se estará obligado a declarar sobre hechos presuntamente delictivos. Texto original em: https://www.tribunalconstitucional.es/es/tribunal/normativa.

[10] Merece consulta o V Relatório Supremo em Números – O Foro Privilegiado e o Supremo.pdf (2.754Mb), que tem como autores: FALCÃO, Joaquim; HARTMANN, Ivar A.; ALMEIDA, Guilherme da Franca Couto Fernandes de; CHAVES FILHO, Luciano de Oliveira (disponível em: https://bibliotecadigital.fgv.br/dspace/handle/10438/18097), em que se verifica a quase absoluta inoperância da Suprema Corte brasileira em termos de exercício da competência anômala referente a ações penais originárias. O STF, em patente reconhecimento de sua inoperância nessa matéria, talvez pelo acúmulo de atribuições, talvez pelo uso político dessa espada de Dâmocles sobre detentores de poder, tem dado, recentemente, mesmo sem alteração do texto constitucional, interpretação restritiva sobre o foro privilegiado. Nesse sentido observe-se a posição firmada pela Corte, na Ação Penal nº 937, por maioria de votos, o Plenário do Supremo Tribunal Federal (STF) decidiu que o foro por prerrogativa de função conferido aos deputados federais e senadores se aplica apenas a crimes cometidos

nº 45, não se constatou (ainda) qualquer alteração significativa, permanecendo tal quadro mesmo após o advento do novo CPC, em relação ao aprimoramento do processo civil brasileiro.

5. Nem sempre as grandes teorizações acadêmicas são as mais adequadas para o processo, mormente quando se utiliza, corriqueiramente, inspirações de modelos alienígenas, sem adequada pertinência com a realidade brasileira. Mais relevante seria, repita-se, a existência de construções mais efetivamente trabalhadas, inclusive a partir de estudos interdisciplinares, para que o processo, civil e também o penal, no Brasil, alcançasse razoável nível de celeridade e de efetividade.

Richard Posner, ilustre acadêmico e Juiz de 2º grau em Corte Federal norte-americana, bem destaca, em sua obra *Divergenth Paths* – the

---

no exercício do cargo e em razão das funções a ele relacionadas. A decisão foi tomada na sessão desta quinta-feira (3) no julgamento de questão de ordem na Ação Penal (AP) 937. O entendimento deve ser aplicado aos processos em curso, ficando resguardados os atos e as decisões do STF – e dos juízes de outras instâncias – tomados com base na jurisprudência anterior, assentada na questão de ordem no Inquérito (INQ) 687. Prevaleceu no julgamento o voto do relator da questão de ordem na AP 937, ministro Luís Roberto Barroso, que estabeleceu ainda que, após o final da instrução processual, com a publicação do despacho de intimação para apresentação de alegações finais, a competência para processar e julgar ações penais não será mais afetada em razão de o agente público vir a ocupar outro cargo ou deixar o cargo que ocupava, qualquer que seja o motivo. Seguiram integralmente o voto do relator as ministras Rosa Weber e Cármen Lúcia, presidente da Corte, e os ministros Edson Fachin, Luiz Fux e Celso de Mello. O ministro Marco Aurélio também acompanhou em parte o voto do relator, mas divergiu no ponto em que chamou de "perpetuação do foro". Para ele, caso a autoridade deixe o cargo, a prerrogativa cessa e o processo-crime permanece, em definitivo, na primeira instância da Justiça. Ficaram parcialmente vencidos os ministros Alexandre de Moraes e Ricardo Lewandowski, que reconheciam a competência do STF para julgamento de parlamentares federais nas infrações penais comuns, após a diplomação, independentemente de ligadas ou não ao exercício do mandato. E ainda os ministros Dias Toffoli e Gilmar Mendes, que deram maior extensão à matéria e fixaram também a competência de foro prevista na Constituição Federal, para os demais cargos, exclusivamente para crimes praticados após a diplomação ou a nomeação (conforme o caso), independentemente de sua relação ou não com a função pública em questão. (http://www.stf.jus.br/portal/cms/ – julg. em 03.05.2018). Observe-se o trecho da ementa do citado acórdão que inclusive destaca o caráter criativo da jurisprudência do STF e sua intenção restritiva: Acórdão:
Conclusão
6. Resolução da questão de ordem com a fixação das seguintes teses: "(i) O foro por prerrogativa de função aplica-se apenas aos crimes cometidos durante o exercício do cargo e relacionados às funções desempenhadas; e (ii) Após o final da instrução processual, com a publicação do despacho de intimação para apresentação de alegações finais, a competência para processar e julgar ações penais não será mais afetada em razão de o agente público vir a ocupar cargo ou deixar o cargo que ocupava, qualquer que seja o motivo". 7. Aplicação da nova linha interpretativa aos processos em curso.Ressalva de todos os atos praticados e decisões proferidas pelo STF e demais juízos com base na jurisprudência anterior. (Ementa Acórdão 03.05.2018 PLENÁRIO QUESTÃO DE ORDEM NA AÇÃO PENAL 937 RIO DE JANEIRO – *http://portal.stf.jus.br/processos*). Ementa e acórdão.

Academy and the Judiciary[11] as distâncias entre as refregas acadêmicas e as melhores soluções para as árduas disputas processuais; entre aquilo que diuturnamente se leciona nas academias e as lides forenses e suas soluções.

Tais distanciamentos foram marcantes no novo CPC, onde se constatou, e aqui se tentará demonstrar, a existência de um academicismo pouco prático, ao lado de um marcante interesse dos advogados, dos grupos que os inspiraram, vários dos quais funcionaram nas assessorias do Congresso Nacional, com posicionamentos divergentes em muitos casos, levando o texto a um fracionamento digno da obra de Mary Shelley,[12] isso, evidentemente, sem qualquer crítica pessoal aos honrados doutrinadores que contribuíram para o Código, apenas antecipando-se que, diferentemente do Código "Buzaid", que tinha uma marcante linha de conduta (concorde-se ou não com o viés) e mesmo o anterior de 1939, o novo CPC parece uma colcha de retalhos, ao estilo das antigas costureiras que aproveitavam retalhos dos mais variados matizes.

6. O que aqui se busca é exatamente analisar até que ponto o incremento do academicismo, a ampliação da principiologia, no processo civil brasileiro, sobretudo a partir do recente CPC, fruto da árvore constitucional de 1988, guarda-chuva, dirigente e interventora (em excesso), tem contribuído e contribuirá para o aprimoramento desse relevante campo do Direito, reduzindo, inclusive, as inseguranças nas relações sociais, econômicas e até nas pretensões de investimentos, inclusive externos, sempre dependentes de uma base social estável.[13]

---

[11] POSNER, Richard A. *Divergent Paths* – The Academy and the Judiciary. Cambridge \ Massachusettts \ London: Harvard Univrsity Press (2016), onde o autor, destacado acadêmico e juiz de um Tribunal Federal norte-americano de 2º grau ("Judge of the United States Court of Appeals for the Seventh Circuit in Chicago from 1981 until 2017"), examina com maestria essa "troubled relationship" entre a Academia e o Judiciário, podendo-se, em verdade, expandir o conflito para a Academia X o mundo dos operadores do Direito.

[12] SHELLEY, Mary. *Frankstein*. Zahar editora (2017), dentre tantas outras traduções: onde se vislumbram os efeitos de uma montagem a partir de vários corpos, com pregação do princípio da razoável duração do processo e ampliação de prazos. Com a preservação de estruturas procedimentais típicas da época do processo físico, em tempos de processo digital. Com a pregação do princípio da cooperação sem ampliação de seus instrumentos...

[13] Observe-se como exemplo o que ocorre em relação aos *planos de saúde*: "sempre se considerou que o juiz deve estar vinculado a critérios positivos previamente estabelecidos. Dir-se-ia que existe como que um temor social à liberdade absoluta dos juízes; que os grupos humanos não suportam a ideia de que suas relações jurídicas, seus atos, suas pessoas e seus bens possam estar entregues a uma sorte de discricionariedade caprichosa da parte daqueles sujeitos encarregados de julgar, em nome do Estado, conflitos intersubjetivos qualificados juridicamente" (ALBUQUERQUE, Mario Pimentel. *O órgão jurisdicional e sua função*. Estudos sobre a ideologia, aspectos críticos e controle do poder Judiciário. São Paulo: Malheiros, 1997, p. 21/22). UNIVERSIDADE DE MARÍLIA – UNIMAR FACULDADE DE

As estatísticas do CNJ, melhor fonte de consulta existente no Brasil, sobre o funcionamento do Judiciário brasileiro demonstram o marasmo no andamento dos processos judiciais.[14] Análise isenta, fria, a partir dos dados existentes demonstra quão pouco se alterou a funcionalidade dos processos civis, com o Novo CPC.

Tal tem relevante efeito também sob o aspecto econômico, o que não pode ser desprezado em uma sociedade cujo modelo é capitalista, embora com mitigações e no decorrente "Custo Brasil", com a necessidade de extensas provisões para demandas judiciais nos balanços das empresas sediadas no território nacional, ou que aqui têm subsidiárias ou filiais.[15]

DIREITO PROGRAMA DE MESTRADO EM DIREITO EM SEGURANÇA JURÍDICA NOS CONTRATOS DE PLANOS DE SAÚDE NO BRASIL – 2007, p. 81.

[14] Tal se constata dos relatórios denominados JUSTIÇA EM NÚMEROS (os completos ou mesmo os sumários executivos publicados pelo CNJ. Pex.: RELATÓRIO JUSTIÇA EM NÚMEROS 2016, 2017, 2018 e 2019 publicado eletronicamente no *site* do CNJ, de onde se extrai dados relevantes:
O estoque de processos pendentes ao final de 2018, em todos os órgãos do Poder Judiciário, foi de *78.691.031* ações em andamento, com redução de apenas 1,2 % em relação a 2017... por segmento de Justiça destaca-se a redução de 861.000 processos ingressados na Justiça do Trabalho (Nota.: *o que se explica pela reforma trabalhista de 2017, que impôs o "ônus de sucumbência" a reclamantes vencidos no Judiciário Trabalhista, desestimulando ajuizamentos). Já o número de execuções fiscais caiu apenas 0,4%* (vide: www.cnj.jus.br). Mesmo assim, alguns dados outros, constantes do mesmo Relatório de 2019 demonstram que "no juízo comum, o tempo de julgamento, em 1º grau, na Justiça Federal é de um ano e dez meses e na justiça Estadual de dois anos e dois meses, enquanto *a execução é a fase mais demorada: são necessários, em média cinco anos e onze meses para dar baixa em um caso em execução e, assim, dar fim ao processo*".
Nota: somando-se em média 2 anos e 2 meses (cognição) + 5 anos e 11 meses – execução = *8 anos e 1 mês entre o ajuizamento e aplicação do direito.* O prazo é inaceitável, ocorrente, mesmo cinco anos após a entrada em vigor do Novo CPC, o que demonstra este pouco ter influenciado na longevidade dos feitos.

[15] Vejam-se alguns exemplos, a partir de balanços publicados de grandes empresas e aleatoriamente indicados, por se tratar de uma situação generalizada:
Da Caixa Econômica Federal, no balanço publicado em 06.03.2020, referentes a ações fiscais referentes a PIS/PASEP, CSLL, ICMS etc.; além de inúmeras ações cíveis bastante longevas; Da Metalúrgica Gerdau S.A. (publicada em 05.03.2020); Da concessionária CCR S.A. (também publicado em 06.03.2020); Da Companhia de Transmissão de energia Elétrica Paulista – CTEEP, publicado em 05.03.2020. Observe-se que nos demonstrativos e explicações do balanço dessa concessionária há expressa referência a ações vultosas que se iniciaram em 2003 e 2004. O que se ressalta não terem ou não procedência os argumentos da parte, mas o prazo de dezesseis anos sem solução.
Veja-se o caso da Cia. VALE, responsável por dois desastres ambientais ocorridos em Minas Gerais. A lentidão da Justiça brasileira é tanta que muitos prejudicados estão a tentar ressarcimento contra a Acionista minoritária perante a Justiça Britânica. Independente do nível de responsabilidade, o que se constata é o provisionamento de mais de dezessete bilhões de reais por vários anos, sem a exata definição do montante a ser efetivamente satisfeito e as obrigações a serem satisfeitas, causando prejuízos, por vezes, irreparáveis, aos lesados.

Em verdade, o sucesso ou insucesso de atuações empresariais tem um componente sem relação com gestão adequada e eficiente, passando a se ter em consideração a "álea de decisões judiciais", que só ocorrem muitos anos após o início das demandas. A insegurança dos resultados é muitas vezes mais gravosa que uma célere decisão até contrária, pois tem a certeza do impacto financeiro, do custo daquilo que foi reconhecido.[16]

---

[16] Observem-se os seguintes temas destacados neste mês, no *site Conjur*: Temas tributários relevantes dominam a pauta do STF (14 de março de 2020, 8h00), *por José S. Carvalho Filho e Tarsila Ribeiro Marques Fernandes*: Em contexto de grave crise fiscal, como a atualmente instalada no Brasil, questões de natureza tributária recebem ênfase especial por estarem relacionadas ao principal meio de financiamento estatal para o desempenho de suas atividades. Nessa conjuntura, as propostas de emenda constitucional que conduzem a reforma tributária avançam no Congresso Nacional, enquanto diversos temas paradigmáticos são julgados pelo Supremo Tribunal Federal. Tendo em vista que o Direito Tributário brasileiro é ramo jurídico eminentemente constitucionalizado, cabe ao STF dar a definitiva interpretação sobre os temas mais relevantes dessa seara. Diante desse quadro, este ensaio apresenta sucintamente as principais matérias tributárias previstas na pauta de julgamento do STF nas próximas semanas. Inicialmente, não se pode deixar de registrar *as isenções fiscais de ICMS e IPI relativamente a produtos agrotóxicos. O caso será examinado na ADI 5.553, Rel. Min. Edson Fachin, e analisa a constitucionalidade do Decreto nº 7.660/2011 e de cláusulas do Convênio de ICMS 100/1997*, em que são concedidas desonerações fiscais de elevada monta – estimam-se dez bilhões de reais anualmente – com escopo de reduzir os custos da produção agrícola, por meio da diminuição do preço de agrotóxicos. A ação direta de inconstitucionalidade foi ajuizada pelo Partido Socialismo e Liberdade (PSOL), ao fundamento de que referidas desonerações não são compatíveis com o princípio da seletividade tributária nem com o dever estatal de proteção da saúde e do meio ambiente ecologicamente equilibrado. O processo estava previsto para julgamento no dia 19 de fevereiro, porém não foi apregoado, de modo que está disponível para avaliação a qualquer momento, a critério da Presidência do STF. No dia 18 de março, a pauta do Plenário do STF está inteiramente dedicada a *discussões relativas a ISS e ICMS. Será debatida a tributação dos softwares (programas de computador), tema que vem gerando insegurança jurídica e bitributação em algumas unidades federativas. Isso porque o item 1.05 do anexo da Lei Complementar 116/2003 determina a incidência de ISS sobre "licenciamento ou cessão de direito de uso de programas de computação"*, enquanto algumas legislações estaduais (a exemplo de Minas Gerais e Mato Grosso) preveem as operações com programas de computador como fato gerador do ICMS. A discussão, portanto, reside em saber se, e em quais situações, *softwares* se enquadram no conceito de serviços ou de mercadorias, a atrair a incidência de ISS, na primeira hipótese, e de ICMS, na segunda. No RE 688.223, Tema 590 da repercussão geral, Rel. Min. Luiz Fux, será definido se incide ISS sobre programas de computadores produzidos de forma personalizada. *Tema correlato será decidido no mesmo dia nas ADIs 1.945 e 5.659, que tratam da incidência de ICMS sobre operações com softwares. Na ADI 1.945, há ainda uma particularidade de saber se o ICMS pode incidir nas operações com programas de computador adquiridos por meio de transferência eletrônica, isto é, por meio de download. Nessa ação, houve concessão de medida cautelar no sentido da possibilidade da cobrança de ICMS sobre* softwares *adquiridos por* download, *ao argumento da irrelevância da existência de bem corpóreo ou de mercadoria em sentido estrito, uma vez que "o Tribunal não pode se furtar a abarcar situações novas, consequências concretas do mundo real, com base em premissas jurídicas que não são mais totalmente corretas"*. Vale ressaltar que o STF, quando foi chamado a tratar do assunto ainda na década de 90, fez uma diferenciação entre *softwares* "de prateleira" e *softwares* produzidos de forma personalizada, de maneira a permitir a tributação pelo ISS apenas na última situação. *Ainda, no tocante à problemática relativa à incidência de ISS ou ICMS, há o RE 605.552, Tema 379 da repercussão geral*, Rel. Min.

Tal se constata em inúmeras hipóteses, dentre elas, as referentes a tributos de recolhimento constante como COFINS, PIS.

Uma discussão judicial, com obtenção de tutela provisória, pode significar, ao final, a explosão de uma "bomba relógio", com um insucesso, após muitos anos, como ocorre naquelas relevantes discussões à espera de decisões repetitivas do STF e\ou do STJ.

7. Poder-se-ia citar ainda a enorme dificuldade em fazer a Fazenda Pública cumprir suas obrigações e as posturas contemporizadoras com a inadimplência, inclusive em relação a precatórios judiciais, levando à construção de programas especiais para acobertar a resistência dos entes públicos, como as sucessivas aprovações de regime especiais para pagamento.

Nesse sentido vale observar o número de emendas constitucionais editadas visando minorar os efeitos da inadimplência dos entes públicos, como ocorreu com as Emendas Constitucionais nº 30, nº 37, nº 62 e nº 94.

8. Verifica-se que na medida em que as situações de inadimplência poderiam levar até mesmo a pedidos de intervenção nos Estados-membros, inclusive, o mais rico, ou o menos pobre (São Paulo) da nação, as pressões políticas levaram a situações de "arranjo", não sem fortes arranhaduras no texto constitucional. Infelizmente, a Corte Maior contemporizou essas situações, sempre em prejuízo daquele reconhecidamente lesado pelo ente público.

Dias Toffoli, que discute quais desses impostos incidem sobre as atividades realizadas por farmácia de manipulação, envolvendo, ou não, clientes de forma personalizada. A finalização de *um dos julgamentos mais aguardados e polêmicos das últimas décadas está prevista para o dia 1º de abril, sendo o primeiro processo da pauta da tarde os embargos de declaração opostos pela Fazenda Nacional no RE 574.706, tema 69 da repercussão geral*, Rel. Min. Cármen Lúcia, que excluiu o ICMS da base de cálculo do PIS e da COFINS. Nesses embargos de declaração, discutem-se basicamente dois temas. O primeiro *refere-se a qual ICMS deve ser excluído da base de cálculo do PIS e da COFINS, se o total do imposto destacado na nota fiscal ou o efetivamente pago. A maior discussão do processo, contudo, deve ser em relação ao segundo tema, que trata do pedido de modulação dos efeitos da decisão proferida em 2017* (ano do julgamento do mérito da repercussão geral). Em relação a esse ponto, a Fazenda Nacional argumenta que houve profunda mudança de entendimento jurisprudencial sobre o assunto, gerando impactos substanciais no sistema tributário nacional. Ademais, aduz que a consequência financeira da não modulação dos efeitos da decisão seria da ordem de 250 bilhões de reais (https://www.conjur.com.br/2020-mar-14/observatorio-constitucional-temas-tributarios-relevantes-dominam-pauta-stf).

Observe-se: são temas de enorme repercussão financeira para entes públicos e privados e cujos julgamentos, inclusive embargos de declaração e análise de modulação de efeitos, alongam mais ainda os resultados e a pacificação das matérias. Imagine-se um reflexo financeiro de apenas 5,0% a.m. na despesa de uma empresa, projetado por cinco anos, ter-se-ia: 60% ao longo de um ano e após cinco anos 300% da receita mensal da empresa. É um custo adicional extraordinário. Na outra ponta, significativa perda de Receita do Fisco e a obrigação de repetição em períodos normais e, mais gravemente ainda, em épocas de grande estagnação.

INTRODUÇÃO | 27

Os Estados brasileiros com maior volume de endividamento são pela ordem São Paulo (12%), Rio de Janeiro (16%), Minas Gerais (17%) e Rio Grande do Sul (17%).[17] Esses, sem dúvida, com enorme poder de pressão no congresso Nacional, capaz de aprovar postergações de pagamentos decorrentes de reconhecidas violações de direito.

Foram editadas as emendas constitucionais referidas que, em princípio, de fato não visaram proteger os Estados mais pobres da federação, considerando que os maiores conjuntos de inadimplências concentravam em Estados "mais ricos".[18]

De relevante que toda essa sucessão de emendas serviu para minorar os efeitos temporais das decisões judiciais condenatórias, em detrimento daqueles que tiveram seus direitos duplamente violados, pelos atos da Administração, que os lesara, e pela deliberada mora[19] no ressarcimento.

---

[17] https://www.senado.gov.br/noticias/Jornal/emdiscussao/contas-publicas.

[18] Sobre o tema Precatórios, consulte-se: UMA ANÁLISE ECONÔMICA PARA O PROBLEMA DOS PRECATÓRIOS, de Fernando B. Meneguin Maurício S. Bugarin, disponível em https://www12.senado.leg.br/publicacoes/estudos-legislativos/tipos-de-estudos/textos-para-discussao/td-46-uma-analise-economica-para-o-problema-dos-precatorios.

[19] Vejam-se as seguintes Decisões do STF:
Precatório: regime especial e EC 62/2009 - 20
Precatório: regime especial e EC 62/2009 - 21
Preliminarmente, acolheu-se questão de ordem suscitada pelo Min. Marco Aurélio, para se apreciar primeiro o art. 100 da CF e, em seguida, o art. 97 do ADCT. Vencidos os Min. Gilmar Mendes, Celso de Mello e Joaquim Barbosa, Presidente, que propugnavam pela continuidade de julgamento sem a separação das matérias disciplinadas nos referidos dispositivos. No tocante ao art. 100, §2º, da CF ["Os débitos de natureza alimentícia cujos titulares tenham 60 (sessenta) anos de idade ou mais na data de expedição do precatório, ou sejam portadores de doença grave, definidos na forma da lei, serão pagos com preferência sobre todos os demais débitos, até o valor equivalente ao triplo do fixado em lei para fins do disposto no §3º deste artigo, admitido o fracionamento para essa finalidade, sendo que o restante será pago na ordem cronológica de apresentação do precatório"], assinalou-se que a emenda, em primeira análise, criara benefício anteriormente inexistente para os idosos e para os portadores de deficiência, em reverência aos princípios da dignidade da pessoa humana, da razoabilidade e da proporcionalidade. Entretanto, relativamente à expressão "na data da expedição do precatório", entendeu-se haver transgressão ao princípio da igualdade, porquanto a preferência deveria ser estendida a todos os credores que completassem 60 anos de idade na pendência de pagamento de precatório de natureza alimentícia. No ponto, o Min. Luiz Fux reajustou o seu voto para acompanhar o Relator.
ADI 4357/DF, rel. orig. Min. Ayres Britto, red. p/ o acórdão Min. Luiz Fux, 13 e 14.3.2013. (ADI 4357)
ADI 4425/DF, rel. orig. Min. Ayres Britto, red. p/ o acórdão Min. Luiz Fux, 13 e 14.3.2013. (ADI 4425)
Precatório: regime especial e EC 62/2009 - 22
Quanto aos §§9º e 10 da art. 100 da CF ["§9º No momento da expedição dos precatórios, independentemente de regulamentação, deles deverá se abatido, a título de compensação, valor correspondente aos débitos líquidos e certos, inscritos ou não em dívida ativa e constituídos contra o credor original pela Fazenda Pública devedora, incluída parcelas vincendas de parcelamentos, ressalvados aqueles cuja execução esteja suspensa em virtude de contestação administrativa ou judicial. §10 Antes da expedição dos precatórios, o Tribunal solicitará à Fazenda Pública devedora, para resposta em até 30 (trinta) dias,

sob pena de perda do direito de abatimento, informação sobre os débitos que preencham as condições estabelecidas no §9º, para os fins nele previstos"], apontou-se configurar compensação obrigatória de crédito a ser inscrito em precatório com débitos perante a Fazenda Pública. Aduziu-se que os dispositivos consagrariam superioridade processual da parte pública – no que concerne aos créditos privados reconhecidos em decisão judicial com trânsito em julgado – sem que considerada a garantia do devido processo legal e de seus principais desdobramentos: o contraditório e a ampla defesa. Reiterou-se que esse tipo unilateral e automático de compensação de valores embaraçaria a efetividade da jurisdição, desrespeitaria a coisa julgada e afetaria o princípio da separação dos Poderes. Enfatizou-se que a Fazenda Pública disporia de outros meios igualmente eficazes para a cobrança de seus créditos tributários e não-tributários. Assim, também se reputou afrontado o princípio constitucional da isonomia, uma vez que o ente estatal, ao cobrar crédito de que titular, não estaria obrigado a compensá-lo com eventual débito seu em face do credor contribuinte. Pelos mesmos motivos, assentou-se a inconstitucionalidade da frase "permitida por iniciativa do Poder Executivo a compensação com débitos líquidos e certos, inscritos ou não em dívida ativa e constituídos contra o devedor originário pela Fazenda Pública devedora até a data da expedição do precatório, ressalvados aqueles cuja exigibilidade esteja suspensa... nos termos do §9º do art. 100 da Constituição Federal", contida no inciso II do §9º do art. 97 do ADCT.

ADI 4.357/DF, rel. orig. Min. Ayres Britto, red. p/ o acórdão Min. Luiz Fux, 13 e 14.3.2013. (ADI 4.357)

ADI 4.425/DF, rel. orig. Min. Ayres Britto, red. p/ o acórdão Min. Luiz Fux, 13 e 14.3.2013. (ADI 4.425)

Precatório: regime especial e EC 62/2009 - 23

Declarou-se, ainda, a inconstitucionalidade parcial do §12 do art. 100 da CF ("A partir da promulgação desta Emenda Constitucional, a atualização de valores requisitórios, após sua expedição, até o efetivo pagamento, independentemente de sua natureza, será feita pelo índice oficial de remuneração básica da caderneta de poupança, e para fins de compensação da mora, incidirão juros simples no mesmo percentual de juros incidentes sobre a caderneta de poupança, ficando excluída a incidência de juros compensatórios"), no que diz respeito à expressão "índice oficial de remuneração básica da caderneta de poupança", bem como do inciso II do §1º e do §16, ambos do art. 97 do ADCT. Realçou-se que essa atualização monetária dos débitos inscritos em precatório deveria corresponder ao índice de desvalorização da moeda, no fim de certo período, e que esta Corte já consagrara não estar refletida, no índice estabelecido na emenda questionada, a perda de poder aquisitivo da moeda. Dessa maneira, afirmou-se a afronta à garantia da coisa julgada e, reflexamente, ao postulado da separação dos Poderes. Na sequência, expungiu-se, de igual modo, a expressão "independentemente de sua natureza", previsto no mesmo §12 em apreço. Aludiu-se que, para os precatórios de natureza tributária, deveriam ser aplicados os mesmos juros de mora incidentes sobre todo e qualquer crédito tributário. Em passo seguinte, ao apreciar o §15 do art. 100 da CF ("Sem prejuízo do disposto neste artigo, lei complementar a esta Constituição Federal poderá estabelecer regime especial para pagamento de crédito de precatórios de Estados, Distrito Federal e Municípios, dispondo sobre vinculações à receita corrente líquida e forma e prazo de liquidação") e o *caput* do art. 97 do ADCT ("Até que seja editada a lei complementar de que trata o §15 do art. 100 da Constituição Federal, os Estados, o Distrito Federal e os Municípios que, na data de publicação desta Emenda Constitucional, estejam em mora na quitação de precatórios vencidos, relativos às suas administrações direta e indireta, inclusive os emitidos durante o período de vigência do regime especial instituído por este artigo, farão esses pagamentos de acordo com as normas a seguir estabelecidas, sendo inaplicável o disposto no art. 100 desta Constituição Federal, exceto em seus §§2º, 3º, 9º, 10, 11, 12, 13 e 14, e sem prejuízo dos acordos de juízos conciliatórios já formalizados na data de promulgação desta Emenda Constitucional"), registrou-se que os preceitos impugnados subverteriam os valores do Estado de Direito, do devido processo legal, do livre e eficaz acesso ao Poder Judiciário e da razoável duração do processo. Frisou-se que esses artigos ampliariam, por mais 15 anos, o cumprimento de sentenças judiciais com trânsito em julgado e desfavoráveis ao Poder Público, cujo prazo já teria sido, outrora, prorrogado por 10 anos pela Emenda Constitucional nº 30/2000.

ADI 4.357/DF, rel. orig. Min. Ayres Britto, red. p/ o acórdão Min. Luiz Fux, 13 e 14.3.2013. (ADI 4.357)

ADI 4.425/DF, rel. orig. Min. Ayres Britto, red. p/ o acórdão Min. Luiz Fux, 13 e 14.3.2013. (ADI 4.425)
Precatório: regime especial e EC 62/2009 - 24
Entendeu-se adequada a referência à EC 62/2009 como a "emenda do calote". Mencionou-se que esse calote feriria o princípio da moralidade administrativa, haja vista o inadimplemento, por parte do Estado, de suas próprias dívidas. Além disso, sublinhou-se que o Estado: a) reconheceria o descumprimento, durante anos, de ordens judiciais de pagamento em desfavor do erário; b) propor-se-ia a adimpli-las, mas limitado a percentual pequeno de sua receita; c) forçaria, com esse comportamento, que os titulares de crédito assim inscritos os levassem a leilão. Desse modo, verificou-se a inconstitucionalidade do inciso I do §8º e de todo o §9º, ambos do art. 97 do ADCT ("§8º A aplicação dos recursos restantes dependerá de opção a ser exercida por Estados, Distrito Federal e Municípios devedores, por ato do Poder Executivo, obedecendo à seguinte forma, que poderá ser aplicada isoladamente ou simultaneamente: I - destinados ao pagamento dos precatórios por meio do leilão;... §9º Os leilões de que trata o inciso I do §8º deste artigo: I - serão realizados por meio de sistema eletrônico administrado por entidade autorizada pela Comissão de Valores Mobiliários ou pelo Banco Central do Brasil; II - admitirão a habilitação de precatórios, ou parcela de cada precatório indicada pelo seu detentor, em relação aos quais não esteja pendente, no âmbito do Poder Judiciário, recurso ou impugnação de qualquer natureza, permitida por iniciativa do Poder Executivo a compensação com débitos líquidos e certos, inscritos ou não em dívida ativa e constituídos contra devedor originário pela Fazenda Pública devedora até a data da expedição do precatório, ressalvados aqueles cuja exigibilidade esteja suspensa nos termos da legislação, ou que já tenham sido objeto de abatimento nos termos do §9º do art. 100 da Constituição Federal; III - ocorrerão por meio de oferta pública a todos os credores habilitados pelo respectivo ente federativo devedor; IV - considerarão automaticamente habilitado o credor que satisfaça o que consta no inciso II; V - serão realizados tantas vezes quanto necessário em função do valor disponível; VI - a competição por parcela do valor total ocorrerá a critério do credor, com deságio sobre o valor desta; VII - ocorrerão na modalidade deságio, associado ao maior volume ofertado cumulado ou não com o maior percentual de deságio, pelo maior percentual de deságio, podendo ser fixado valor máximo por credor, ou por outro critério a ser definido em edital; VIII - o mecanismo de formação de preço constará nos editais publicados para cada leilão; IX - a quitação parcial dos precatórios será homologada pelo respectivo Tribunal que o expediu").
ADI 4.357/DF, rel. orig. Min. Ayres Britto, red. p/ o acórdão Min. Luiz Fux, 13 e 14.3.2013. (ADI 4.357)
ADI 4.425/DF, rel. orig. Min. Ayres Britto, red. p/ o acórdão Min. Luiz Fux, 13 e 14.3.2013. (ADI 4.425)
Precatório: regime especial e EC 62/2009 - 25
Consignou-se que idêntica solução alcançaria os incisos II e III do §8º do art. 97 do ADCT ("§8º... II - destinados a pagamento a vista de precatórios não quitados na forma do §6º e do inciso I, em ordem única e crescente de valor por precatório; III - destinados a pagamento por acordo direto com os credores, na forma estabelecida por lei própria da entidade devedora, que poderá prever criação e forma de funcionamento de câmara de conciliação"), por malferir os princípios da moralidade, da impessoalidade e da igualdade. Por fim, constatou-se que, para a maioria dos entes federados, não faltaria dinheiro para o adimplemento dos precatórios, mas sim compromisso dos governantes quanto ao cumprimento de decisões judiciais. Nesse contexto, observou-se que o pagamento de precatórios não se contraporia, de forma inconciliável, à prestação de serviços públicos. Além disso, arrematou-se que configuraria atentado à razoabilidade impor aos credores a sobrecarga de novo alongamento temporal do perfil das dívidas estatais em causa, inclusive mediante leilões, deságios e outros embaraços.
ADI 4.357/DF, rel. orig. Min. Ayres Britto, red. p/ o acórdão Min. Luiz Fux, 13 e 14.3.2013. (ADI-4.357)
ADI 4.425/DF, rel. orig. Min. Ayres Britto, red. p/ o acórdão Min. Luiz Fux, 13 e 14.3.2013. (ADI-4.425)
Precatório: regime especial e EC 62/2009 - 26
Vencidos os Ministros Teori Zavascki, Dias Toffoli e Gilmar Mendes, que julgavam o pedido improcedente. O Min. Teori Zavascki apontava que o parâmetro para aferição de inconstitucionalidade de emenda constitucional estaria restrito às cláusulas pétreas (CF,

art. 60, §4º), respeitado o processo legislativo próprio. Observados esses limites, o poder constituinte reformador seria soberano. Considerava que a EC 62/2009 não teria aptidão para abolir, ainda que parcialmente, qualquer dos princípios protegidos no dispositivo constitucional citado. Frisava que eventual declaração de inconstitucionalidade do novo regime de pagamento de precatórios significaria retorno ao sistema antigo, perverso para os credores, na medida em que vincularia a satisfação dos débitos à conveniência da Fazenda e tornaria as obrigações contraídas sem prazo e sem sanção. Assim, a EC 62/2009 não significaria retrocesso institucional, mesmo porque ela deveria ser avaliada à luz do regime anterior, não de um regime ideal. Salientava que os avanços obtidos no art. 100 da CF seriam escassos em relação ao texto pretérito. O Min. Dias Toffoli sublinhava que a EC 62/2009 não atingiria a coisa julgada, pois não haveria mudança no *quantum debeatur*. Ademais, lembrava que a Corte decidira que todo processo a envolver precatórios seria administrativo, sem interferência no âmbito jurisdicional (ADI 1098/SP, DJU de 25.10.96). O Min. Gilmar Mendes, ao reiterar posicionamento externado em assentada anterior, asseverava que o remédio constitucional adequado para tratar de precatórios inadimplidos seria a intervenção federal. Entretanto, a situação revelaria escassez de recursos por parte dos entes federados. Assim, sequer essa solução seria eficaz. Diante de quadro a revelar descumprimento da Constituição, caberia ao poder reformador propor novos procedimentos que superassem esse estado de permanente anomia, como ocorria no regime anterior.
ADI 4.357/DF, rel. orig. Min. Ayres Britto, red. p/ o acórdão Min. Luiz Fux, 13 e 14.3.2013. (ADI-4.357)
ADI 4.425/DF, rel. orig. Min. Ayres Britto, red. p/ o acórdão Min. Luiz Fux, 13 e 14.3.2013. (ADI-4.425)
Precatório: regime especial e EC 62/2009 - 27
Vencidos em menor extensão os Ministros Marco Aurélio e Ricardo Lewandowski. Declaravam a inconstitucionalidade das expressões: a) "inclusive os emitidos durante o período de vigência do regime especial instituído por este artigo", contida no caput; b) "e a vencer", prevista no §2º; e c) "60 (sessenta) anos de idade até a data da promulgação desta Emenda Constitucional", disposta no §18, todas do art. 97 do ADCT. Conferiam, ainda, interpretação conforme a Constituição aos §§14 e 17 do mesmo dispositivo. No que diz respeito ao §14, o Min. Marco Aurélio o fazia na mesma linha já manifestada pelo CNJ. O Min. Ricardo Lewandowski, por sua vez, salientava que se trataria de solução provisória para os débitos vencidos, não podendo ultrapassar o prazo de 15 anos. O Min. Marco Aurélio divergia do Relator para assentar a constitucionalidade do inciso I do §1º, dos incisos I e II do §2º, dos §§3º a 5º, 10, 12 e 15, do art. 97 do ADCT. Acolhia o pleito, parcialmente, para julgar inconstitucionais as expressões: a) "acrescido do índice oficial de remuneração básica da caderneta de poupança e de juros simples no mesmo percentual dos juros incidentes sobre a caderneta de poupança", inserida no inciso II do §1º; b) "não se aplicando neste caso, a regra do §3º do art. 100 da Constituição Federal", contida no §11; c) "não poderão sofrer sequestro de valores", prevista no §13; e d) "será feita pelo índice oficial de remuneração básica da caderneta de poupança, e, para fins de compensação da mora, incidirão juros simples no mesmo percentual de juros incidentes sobre a caderneta de poupança", disposta no §16 do aludido preceito. Reputava que o afastamento da regência atinente à correção monetária e juros simples não implicaria vácuo normativo, haja vista o restabelecimento das regras antecedentes, ou seja, juros de meio por cento ao ano. O Min. Ricardo Lewandowski, acerca do inciso II do §1º do art. 97 retirava do texto a questão alusiva à correção inflacionária, tendo como base a mesma correção da caderneta de poupança. No entanto, admitia juros baseados nesse índice. Com relação ao §16, asseverava que a correção monetária far-se-ia pelo índice oficial, mas, a título de mora, os juros pagos para a caderneta de poupança. O Min. Marco Aurélio requereu a retificação da ata da sessão anterior para fazer constar que não declarava a inconstitucionalidade da expressão "independentemente de sua natureza", contida no §12 do art. 100 da CF. Por fim, deliberou-se apreciar questão relativa a eventual modulação de efeitos da decisão oportunamente.
ADI 4.357/DF, rel. orig. Min. Ayres Britto, red. p/ o acórdão Min. Luiz Fux, 13 e 14.3.2013. (ADI-4.357)
ADI 4.425/DF, rel. orig. Min. Ayres Britto, red. p/ o acórdão Min. Luiz Fux, 13 e 14.3.2013. (ADI-4.425)
Obs.: Merece destaque o grande *delay* entre a emenda e as decisões do STF, suficientes, mesmo com a procedência dos pedidos, para assegurar o descumprimento e a *moratória*, por vários anos.

CAPÍTULO I

CONSIDERAÇÕES PROPEDÊUTICAS

1.1 O Direito Positivo brasileiro, no período inaugurado com a Carta Constitucional de 1988, tem como característica marcante a expansão do "manto constitucional" sobre os vários campos da disciplina jurídica, na esteira de constituições que inspiraram o modelo brasileiro, como a Constituição Portuguesa de 02.04.1976 e a Constituição Espanhola, aprovada em 31 de outubro de 1978, e ratificada por *referendum* popular em 06.12.1978. A denominada constitucionalização do Direito foi enaltecida e referenciada por muitos, quer nos campos do tradicionalmente denominado Direito Público, quer nos campos que se inserem no chamado Direito Privado.[20]

1.2 O grande referencial tem sido no sentido que a constitucionalização do Direito Civil, Administrativo, Tributário, Financeiro, Trabalhista, etc. seria o caminho para assegurar a concretização desses direitos. Representa-se esse movimento com a ideia de Constituição dirigente a pautar toda a produção normativa infraconstitucional. A realidade demonstra que a romântica ideia é equivocada, não porque as previsões constitucionais o sejam, mas pelo fato de serem absolutamente insuficientes para a concretização desses direitos, como se verá aqui em vários exemplos, como o da insuficiência das previsões do art. 7º da Carta Maior para tornar esses direitos mais presentes. Pretendeu-se,

---

[20] Veja-se, p. ex., no campo do Direito Civil, dentre tantos outros: REALE, Miguel. *A Constituição e o Código Civil*. Disponível em: http://www.miguelreale.com.br/artigos/constcc.htm. LOTUFO, Renan. *Direito Civil Constitucional*. São Paulo: Malheiros Editores, 2002; LOBO, Paulo. A constitucionalização do direito civil. *In: Revista Informação Legislativa*, Brasília, ano 36 n. 141, jan./mar. 1999. Em verdade, tal fenômeno alastrou-se por todas as áreas do direito. No âmbito de direitos mais próximos ao Estado, tal foi ainda mais marcante. Poder-se-ia citar como ilustração a excessiva constitucionalização do regime jurídico dos servidores públicos, regrando com muito vigor a disciplina desses agentes públicos nas três esferas da federação brasileira.

o que se ressalta é bem próprio do jurista, ver modificado o mundo a partir de mudanças em dispositivos normativos. Os anos se passaram e evidenciaram que a dura realidade é de mais difícil mudança, mormente em uma sociedade tão desigual, onde aqueles que estão na base, regra geral, têm muito pouco poder de pressão. Por outro lado a constituinte foi desenvolvida sem que houvesse um cálculo econômico, ao menos aligeirado, de suas pretensas consequências.

Sob outra perspectiva deve-se observar que as previsões constitucionais, as referências no Texto Maior, na prática, alongam temporariamente os conflitos por possibilitarem, em inúmeros casos, o acesso ao congestionado STF. Não se olvide que mesmo havendo redução aparente do âmbito de atuação do STF, com a criação do STJ, o elenco de discussões de viés constitucional se ampliou, levando a um terrível volume de processos na 1ª Corte, quer os que ali continuaram a chegar pela via recursal, quer aqueles representados por mecanismos de controle direto de constitucionalidade.

Não se pode olvidar que no modelo original da Constituição de 1988 trouxe uma excessiva ampliação dos legitimados para o controle concentrado de constitucionalidade e no tocante ao acesso pela via recursal, não se introduziram, inicialmente, filtros para limitação dos acessos ao STF, o que só viria a ocorrer muito tardiamente, com o surgimento do filtro da *repercussão geral*, para admissibilidade e o efeito ultrapartes decorrente, bem como o surgimento da Súmula vinculante.[21]

1.3 Observe-se que ambos os textos ibéricos, inspiradores da Constituição brasileira, que serviram de paradigma, representativos do interesse em defesa de um Estado Democrático de Direito, inclusive os direitos sociais, os transindividuais de outras naturezas, enfim, ambas as Cartas visaram representar um enorme "guarda-chuva" básico na proteção e implementação de direitos. Mesmo lá, já se reconhece a necessidade de retração, de adequação dessas conquistas, desses avanços à realidade posterior, sobretudo em momentos de crise. A pretensa irredutibilidade de direitos sociais pode ser mitigada, como já admitem

---

[21] Observe-se que em sistemas jurídicos outros, como o dos EUA, o acesso à Supreme Court é considerado discricionariedade judicial e não direito da parte.
Nesse sentido:
RULES of the Supreme Court of the United States.
Rule10. Considerations Governing Review on Certiorari Review on a writ of certiorari is not a matter of right, but of judicial discretion. A petition for a writ of certiorari will be granted only for compelling reasons. The following, al-though neither controlling nor fully measuring the Court's discretion, indicate the character of the reasons the Court considers: ...
(https://www.supremecourt.gov/ctrules/2019RulesoftheCourt.pdf, july 2019)

CAPÍTULO I
CONSIDERAÇÕES PROPEDÊUTICAS | 33

defensores ardorosos do passado, como Boaventura de Souza Santos e J. J. Gomes Canotilho.

Os quadros fáticos que antecederam as edições dessas constituições são similares. Editadas em processos de redemocratização, após longos períodos ditatoriais, como o regime franquista, o salazarista e o regime ditatorial brasileiro de 1964 a 1985. Um grande anseio por democracia e uma ideia de que a constitucionalização de direitos, nos seus mais variados ramos, ou campos de atuação, significaria, efetivamente, a garantia da concretização de direitos fundamentais, inclusive das novas ondas ou gerações, como os metaindividuais.

Tais textos, da Espanha, de Portugal e, sobretudo, o brasileiro, são bem mais abrangentes, p. ex., que a Constituição francesa de 1958, ou que a Lei Fundamental de Bonn, de 23.05.1949, sem que tal signifique, como é público e notório, que, naqueles países, haja, efetivamente, uma situação desfavorável, comparativamente com o Brasil em termos de implementação de direitos fundamentais das últimas gerações. O meio ambiente, a saúde, a educação, no Brasil, encontram-se em situação precária, apesar da riqueza enunciativa do texto constitucional.

1.4 A ideia básica do constituinte brasileiro, na esteira do espanhol de 1978 e do português de 1976, é que essa elevação formal do nível de direitos e garantias ao patamar constitucional serviria como instrumento fundamental para a melhoria e o aprimoramento da sociedade, a redução de desigualdades, o estabelecimento de rendas mínimas para assegurar a redução da pobreza absoluta etc. É, basicamente, a ideia de *constituição dirigente*.

Construiu-se, inclusive, a partir desses pilares, que haveria irredutibilidade dos avanços sociais. Nessa linha poder-se-ia citar as lições de doutrinadores como Boaventura de Souza Santos[22] (das áreas de economia e sociologia) e, também, dentre outros, José Joaquim Gomes Canotilho,[23] defensores, como já referido, inicialmente, do

---

[22] Autor de notáveis obras, tais como: *Construindo a epistemologia do sul* (Buenos Aires: Clasco, 2018); *A globalização e as ciências sociais*; e *Para uma revolução democrática da Justiça* (ed. Cortez, 3. ed., 2017) e mais de duas dezenas de outras obras.

[23] CANOTILHO, J. J. – Em sua tese de doutoramento (*Constituição dirigente e vinculação do legislador: contributo para a compreensão das normas constitucionais pragmáticas*. Coimbra: FDUC\teses, 1983); e, ainda, em *Direito constitucional e teoria da constituição*, sobretudo nas primeiras edições – a partir da 5ª edição abrandou seu posicionamento, sobretudo a partir da constatação de momento de grave crise que se abateria sobre Portugal, tendo como resultante redução de valores de benefícios sociais, aumento de alíquota de tributos, inclusive o IRPF etc. (disponível através da internet palestra de Canotilho com abrandamento do posicionamento, o que bem espelha a tese de Claus-Wilhelm Canaris, acerca da insuficiência do direito, por si só, frente ao mundo fático, sem desprezar, entretanto a importância do

princípio de que os avanços sociais representariam direitos irredutíveis. Hoje refletiram e reconhecem que nem sempre o avanço, ou mesmo a manutenção desses direitos, no mesmo patamar, é sempre possível.

Mais recentemente, entretanto, esses autores reconheceram a insuficiência do Direito, sozinho, para provocar avanços sociais ou, até mesmo diante de um quadro fático econômico adverso, manter os avanços já alcançados. Citem-se exemplos de além-mar, como a redução de direitos trabalhistas e previdenciários, de direitos sociais em geral; fato esse que se repete no caso brasileiro.

A experiência, utilizando-se, inclusive, do referencial de Posner, exemplo de conjugação de teórico e operador do Direito em uma relevante Corte Federal dos EUA, serve para demonstrar que, muitas vezes, ou quase sempre, tantas teorias que inflam as lições e as construções doutrinárias do Direito e, no caso, do Direito Processual, pouco contribuem para assegurar maior celeridade e maior justiça na solução dos conflitos.

1.5 O novo Código de Processo Civil é um exemplo dessa insuficiência principiológica e retórica, o que se constata com a mera comparação entre tantas novas teorias, tantos princípios enaltecidos e a persistente baixa produtividade judicial retratada pelas estatísticas bastante abrangentes do Conselho Nacional de Justiça, parcialmente analisadas na parte final deste texto.

1.6 O que se procurará demonstrar ao longo deste ensaio é a necessidade de uma mudança de curso no processo civil brasileiro, que segue por infindáveis teorizações, sobretudo encasteladas em um processualismo fechado, trilhando caminhos como o dos italianos, tão teóricos e com tão pouca praticidade e eficiência quando comparados com modelos bem mais eficientes, como o austríaco[24] ou o britânico. Pode-se observar, sem dificuldade, que a simplicidade de sistemas como o presente no Reino Unido, com um restrito sistema recursal, tem como consequência uma prestação jurisdicional mais célere e eficiente.

---

sistema jurídico, tese magistralmente exposta na obra: *Pensamento sistemático e conceito de sistema na ciência do direito*. 3. ed. Lisboa: Fundação Calouste Gulbenkien, trad.., prefácio de Antonio Manuel da Rocha Menezes Cordeiro).

[24] O sistema judicial austríaco está estruturado em modelo federal, com dualidade de jurisdição, tal como na Alemanha, a partir do art. 94 da Constituição, com procedimentos relativamente simples e considerados céleres. Ressalte-se que o modelo austríaco de controle de constitucionalidade inspirou o surgimento do(s) modelo(s) assente(s) na Europa ocidental. Vide STELZER, Manfred. *Introduction to Austrian Constitutional Law*. Wien: LexisNexis, 2014, p. 63\80.

CAPÍTULO I
CONSIDERAÇÕES PROPEDÊUTICAS | 35

Pretende-se, aqui, apresentar reflexões partindo, inclusive, do portal, preâmbulo, ou introito do Novo CPC, texto esse que sofreu forte influência do modelo normativo introduzido pela Carta Constitucional de 1988 e dos princípios que transbordam por todo o texto, para, ao final, serem apresentadas singelas reflexões e conclusões, no sentido do aperfeiçoamento do processo civil brasileiro, algo relevante não só para os ditos processualistas, mas para os juristas, operadores do Direito e para a sociedade em geral, destinatária final do Direito.

1.7 Será relevante examinar se, e em que medida, as principais conquistas obtidas e por obter no processo, sobretudo o civil, tiveram, ou não, estreita relação com a "fartura principiológica" inserida nos recentes textos, ou se tais avanços decorreram, mais e sobretudo, de outros fatores, como o avanço tecnológico, embora, de certo modo, prejudicado, pelo modelo excessivamente retórico, gongórico de nosso processo civil, tão distante de modelos mais singelos e eficientes como o existente e praticado no Reino Unido, na Áustria e em outros Estados que dão mais ênfase a aspectos práticos, mecânicos e menos diáfanos para chegar à solução mais rápida dos conflitos.

Não se faz necessário fazer um estudo comparativo aprofundado sobre esse tema. Uma referência aligeirada bastará para constatar a questão do tempo do processo, alongado no Brasil e até em países que usualmente nos servem de paradigma, como a Itália (estatisticamente reconhecido como dos mais lentos da Europa).

Relevante comparar a riqueza principiológica do CPC brasileiro com a de outros modelos mais singelos... mas bem mais eficientes, para se chegar à conclusão, por vezes amarga, de que a riqueza na enumeração de princípios, as declarações de intenções, sem os meios práticos de efetivação, a torna mero enunciado vazio, mera densificação de frustrações.

O elemento estatístico, fático, muitas vezes desprezado pelo jurista tradicional, demonstra o que aqui se esboça. Os dados estatísticos oficiais são relevantes para provar o que aqui se alega. Merecem referência os coletados pelo Conselho Nacional de Justiça e divulgados nas publicações do órgão, sobretudo na série "*Justiça em números*", ou seja, o que tem dado mais dinâmica aos processos têm sido fatores não jurídicos como a substituição dos autos físicos, por virtuais, as comunicações (intimações, notificações etc.), por via eletrônica, e não os incrementos principiológicos, retóricos da legislação processual e em especial do novo CPC.

1.8 A ampliação do elenco principiológico no Brasil, de um lado, serviu para "preencher", suprir aparentes lacunas no conjunto de regras assentes. Tal ocorreu, sobretudo, com a Constituição Federal de 1988. Texto maior algum, no passado, esteve tão recheado de normas da modalidade princípio, muito aptas para suprir lacunas, mas, por outra banda, muito propícias a inseguranças interpretativas.

Em alguns casos, a explicitação de um princípio representou, tão somente, a constatação das limitações interpretativas preexistentes.

Pode-se exemplificar com o princípio da *moralidade*. Sem explicitação constitucional, a doutrina e a jurisprudência dos tribunais administrativos franceses já pacificamente entendiam que a violação da moralidade significa desvio de finalidade e, por conseguinte, hipótese de nulidade de ato administrativo.[25] Para tal, basta que se observe o conjunto de interpretações possíveis, aplicáveis e aplicadas, inclusive pelo mesmo órgão julgador.

1.9 Os princípios são destacados por juristas de relevo, como Humberto Ávila,[26] ou Luís Roberto Barroso,[27] Alexy,[28] dentre tantos outros. Atribuem-se aos princípios, basicamente, três ordens de funções relevantes, que seriam: *a função fundamentadora; a função interpretativa; a função supletiva.*[29] Esse último sentido "criativo e transformador" é destacado por autores como Bello Junior.[30]

1.10 Por outro lado, as balizas principiológicas ganham cada vez mais fôlego nos julgamentos dos Tribunais, a partir do Supremo

---

[25] Mesmo no Brasil, doutrinadores como Manoel Oliveira Franco Sobrinho já defendiam, bem antes da Constituição de 1988, que a violação do princípio da moralidade seria hipótese de nulidade do ato, por desvio de finalidade (*O controle da moralidade administrativa*. São Paulo: Saraiva 1974, sobretudo p. 17 e segs.).

[26] ÁVILA, Humberto. *A teoria dos princípios*. Da definição à aplicação dos princípios jurídicos. 12. ed. São Paulo: Malheiros, 2018.

[27] BARROSO, Luís Roberto. Princípios da interpretação especificamente constitucional. *In: Interpretação e aplicação da Constituição*. 4. ed. São Paulo, p. 149 e segs., que leciona: "os princípios constitucionais unem e consolidam as premissas básicas de uma dada ordem jurídica, irradiando-se por todo o sistema. Eles indicam os pontos de partida e os caminhos a serem percorridos".

[28] ALEXY, Robert. Epílogo a la teoría de los derechos fundamentales. *In: Revista Española de derecho constitucional*, Madrid, n. 66/22, p. 13-64.

[29] PONTES BONFIM, Thiago Rodrigues. *Os princípios constitucionais e sua função normativa*. Salvador: Juspodivm, p. 65. Esse autor destaca, na esteira de Celso Ribeiro Bastos e Meyer Pflug, o que seria um relevante papel dos princípios: ser instrumento de *mutações constitucionais* sem a necessidade de alterações formais de textos.

[30] Na mesma senda Bello Filho, quando defendeu: "o sistema aberto de regras e princípios é exatamente um sistema que permite um constitucionalismo adequado à realidade, garantindo a pertinência sentida pela sociedade em relação à sua Constituição. Trata-se da possibilidade de compreender o processo hermenêutico como um processo de descodificação, indicando a hermenêutica plena e aberta como caminho de encontro à norma aplicável" (*In: Sistema Constitucional Aberto*. Belo Horizonte: Del Rey, 2003, p. 312).

CAPÍTULO I
CONSIDERAÇÕES PROPEDÊUTICAS | 37

Tribunal Federal. Por vezes, se sente que tais invocações servem também para fazer prevalecer soluções com inspirações metajurídicas, afastando regras de pertinência bem palpável. Poderia repetir uma lição de um velho professor que dizia: "princípio é feito chazinho, utilizado para muitos males".

Nesse sentido, a título de exemplo, poder-se-ia aqui citar a pluralidade de interpretações dadas a vários institutos, atos jurídicos etc., pelo Colendo Supremo Tribunal Federal. Quantos sentidos o STF já atribuiu ao princípio da razoabilidade? Quantas prevalências, ou não, aquela Corte fixou nas ponderações de princípios?

Para tal, basta consulta à jurisprudência daquela Corte, mesmo se desprezando as tão frequentes e inconstantes decisões singulares, sem dúvida um dos maiores males daquela honrada Casa.

Poder-se-ia citar como singelo exemplo a postura daquela Corte nos últimos anos sobre a prisão de acusados após a condenação em segundo grau. A Corte, infelizmente tem, hodiernamente, um viés político extremamente aguçado e, por vezes, preponderando sobre o estritamente jurídico, gerando insegurança e instabilidade. Deixa de ser uma Corte Jurídico-Política, utilizando expressão de Jorge Miranda,[31] para se apresentar como uma Corte predominantemente política, muitas vezes se pautando pela opinião pública, ou de segmentos relevantes da sociedade.

1.11 Aqui poder-se-ia elencar, *en passant,* vários tópicos nos quais se verifica essa fluidez conceitual do Colendo STF e também de outros tribunais, como o Superior Tribunal de Justiça (STJ).

A título de meros exemplos, poder-se-ia citar alguns tópicos nos quais essa fluidez conceitual leva a grande insegurança.

Um dos mais graves problemas é pretender-se sustentar a interpretação constitucional em uma série de princípios em relação aos quais suas extensões, conteúdos, limites e sentidos dependem de uma série de fatores e elementos metajurídicos.

Esse tema (princípios) não tem, nem poderia ter, tratamento uniforme na doutrina, nem na jurisprudência. Nem mesmo dentro de um só tribunal. Observe-se, p. ex., os vários acórdãos do colendo STF acerca de princípios como os da *razoabilidade, proporcionalidade.* Vasculhando acórdãos do STF e de outros tribunais fundados em base principiológica, ver-se-á, com facilidade, a modelagem circunstancial

---

[31]   MIRANDA, Jorge. *Manual de direito constitucional.* 7. ed. Coimbra: Coimbra Editora, tomo II, 2013.

que é feita pelas Cortes, mormente quando o órgão que as utiliza é o juízo monocrático de um dos Ministros. Não se está aqui afirmando da existência de condutas ilícitas dos julgadores, apenas asseverando que a base extra, meta jurídica de cada um, leva a caminhos distintos. Daí a enorme importância da redução dos julgamentos monocráticos, que representam uma perda da unidade de posicionamento das "Cortes Pacificadoras de Interpretação".

1.12 Mais grave ainda é quando se trata da *colisão de princípios constitucionais* e da necessidade de compatibilizá-los, ponderá-los e/ ou adequá-los. Sabe-se da grande dificuldade de tal tarefa e das várias soluções, como a teoria do balanceamento de interesses expressa em autores como Tribe, ou Alenikoff, a teoria do imperativo de otimização expressa em Alexy, ou da "proporcionalidade na distribuição dos custos do conflito", defendida dentre outros por José Carlos Vieira de Andrade.[32] A colisão é algo difícil de se solucionar e na solução entra sem dúvida uma enorme parcela construtiva do intérprete.

A prevalência de princípios é outro tema decorrente do antecedente, com decisões pontuais do STF em casos concretos, como na Reclamação nº 22328-RJ, julgada em 10.05.2018, onde a Corte não adotou tese de ponderação, mas de prevalência de um valor sobre o outro, apesar de serem ambos de patamar constitucional.[33]

Conclui-se, por conseguinte, que a utilização dos princípios como instrumento prevalente para a aplicação do Direito pode ter um efeito positivo quando houver um consistente sistema de uniformização que

---

[32] VIEIRA DE ANDRADE, José Carlos. *Os direitos fundamentais na constituição portuguesa de 1976*. 5. ed. Coimbra: Almedina, 2012, p. 303.

[33] *Recl. 22328 / RJ - RIO DE JANEIRO*
RECLAMAÇÃO
Relator(a): Min. ROBERTO BARROSO
Julgamento: 06.03.2018. Órgão Julgador: Primeira Turma
Ementa
Direito Constitucional. Agravo regimental em reclamação. Liberdade de expressão. Decisão judicial que determinou a retirada de matéria jornalística de sítio eletrônico. Afronta ao julgado na ADPF 130. Procedência. 1. O Supremo Tribunal Federal tem sido mais flexível na admissão de reclamação em matéria de liberdade de expressão, em razão da persistente vulneração desse direito na cultura brasileira, inclusive por via judicial. 2. No julgamento da ADPF 130, o STF proibiu enfaticamente a censura de publicações jornalísticas, bem como tornou excepcional qualquer tipo de intervenção estatal na divulgação de notícias e de opiniões. 3. A liberdade de expressão desfruta de uma posição preferencial no Estado democrático brasileiro, por ser uma pré-condição para o exercício esclarecido dos demais direitos e liberdades. 4. Eventual uso abusivo da liberdade de expressão deve ser reparado, preferencialmente, por meio de retificação, direito de resposta ou indenização. Ao determinar a retirada de matéria jornalística de sítio eletrônico de meio de comunicação, a decisão reclamada violou essa orientação. 5. Reclamação julgada procedente (www.stf.jus.br).

poderia ser a sua definição de modo colegiado pelo Supremo Tribunal Federal. Nesse ponto não se pode deixar de fazer uma, ainda que breve, digressão acerca dos males das decisões insulares dos Ministros do STF,[34] sem levá-las para ra(re)tificação pelos órgãos colegiados – turma ou plenário, por meses, ou anos a fio. Tal tem consequências graves, pois sabido é que, oriundos de uma sociedade plural, embora, integrantes do terço superior da pirâmide, apresentam-se como de feições diversas, a uniformização só se daria com a colegialidade (expressão já defendida pela ministra Rosa Weber).

---

[34] Cite-se, como exemplo de prolongada "insularidade", a liminar concedida pelo então Presidente do STF, Ministro Joaquim Barbosa, na Adi(n) nº 5.017, referente à Emenda Constitucional nº 73, nos seguintes termos:
ADI nº 5.017 MC/DF Ante o exposto, em caráter excepcional, e sujeito ao referendo do Colegiado, defiro a medida cautelar pleiteada, para suspender os efeitos da EC nº 73/2013. Solicitem-se, com urgência, informações ao Congresso Nacional, acerca do pedido de medida cautelar, no prazo de cinco dias. Após, abra-se vista dos autos pelo prazo de três dias, sucessivamente, para o advogado-geral e para o procurador-geral da República. Recebidas as informações preliminares, ou certificado o transcurso do prazo assinalado para tanto, a medida cautelar deverá ser submetida ao referendo do Plenário. Publique-se. Int. Brasília, 17 de julho de 2013. Ministro JOAQUIM BARBOSA, Presidente. Art. 13, VIII, do RISTF.
Trata-se de liminar, concedida isoladamente, no recesso, pelo presidente do STF, mantida pelo MD. A ação, distribuída para o ministro Luiz Fux, é de autoria da Associação Nacional dos Procuradores Federais (Anpaf). Em março de 2014, o então Procurador Geral da República se manifestou pela improcedência da ADIN e pela revogação da liminar, nos seguintes termos:
Ação Direta de Inconstitucionalidade nº 5.017/DF Relator: Ministro Luiz Fux Autora: Associação Nacional dos Procuradores Federais Interessado: Congresso Nacional Ação direta de inconstitucionalidade. Emenda Constitucional nº 73/2013. Criação dos Tribunais Regionais Federais da 6ª, 7ª, 8ª e 9ª Regiões. Preliminares. Legitimidade ativa. Possibilidade de controle abstrato de constitucionalidade de norma de efeitos concretos. Precedentes. Petição inicial apta.
Mérito. 1. Inocorrência de ofensa ao art. 65, parágrafo único, da CR. O retorno da proposição emendada à casa iniciadora apenas se faz necessário quando as emendas apresentadas na casa revisora promoverem modificação substancial de conteúdo. Precedentes. 2. Alegações de afronta à iniciativa legislativa do Poder Judiciário, à sua autonomia administrativa e orçamentária e ao princípio da separação dos Poderes. Não verificação. 3. Inexistência de reserva de iniciativa ao Poder Judiciário para provocação do poder constituinte derivado reformador. Possibilidade de emenda constitucional de origem parlamentar dispor sobre criação de órgãos na estrutura do Poder Judiciário. Precedente. 4. Alegação de afronta ao art. 169, §1º, I e II, da CR. Restrições que não se aplicam ao poder de reforma constitucional. Ausência de dotação orçamentária para despesas com pessoal não dá ensejo à declaração de inconstitucionalidade da norma, somente lhe impede a aplicação no respectivo exercício financeiro. Precedentes.
Obs.: Embora entendamos ser inconstitucional a EC nº 73, por não se tratar de hipótese de emenda constitucional de alteração de ADCT, a matéria não poderia permanecer por mais de seis anos sem ser submetida ao plenário da Corte.

CAPÍTULO II

PRINCIPIOLOGIAS E INCERTEZAS

2.1 Questões resolvidas à base de princípios, sobretudo de ponderações[35] ou prevalências, são carregadas de forte subjetivismo e levam, muitas vezes, a inseguranças e instabilidades que têm como consequência um elevado risco para qualquer investimento no Brasil[36] e de qualquer ação ou programa social de maior relevo.

---

[35] Acerca da ponderação, merece consulta o pensamento de Luís Roberto Barroso, quando destaca que ela ingressou no universo da interpretação constitucional como uma necessidade, antes que como uma opção filosófica ou ideológica (*Curso de Direito Constitucional Contemporâneo*. São Paulo: Saraiva, 2009, p. 335).

[36] Observem-se alguns casos expressivos de insegurança jurídica reportados pelo site especializado CONJUR:
Nesse contexto de resistência jurídica aos avanços tentados pela midiática "lava jato", por exemplo, o Plenário do Supremo declarou a impossibilidade da condução coercitiva de réu ou investigado para interrogatórios e começa a firmar posição delimitando o poder punitivo do Estado. Os ministros discutiram o tema por três sessões, em 2018, e definiram que o artigo 260 do Código de Processo Penal não foi recepcionado pela Constituição por violar o direito dos cidadãos de não produzir provas contra si mesmos – ou o direito à não autoincriminação. O artigo está na redação original do CPP, de 1941, mas a prática só se tornou frequente a partir de 2014, com a operação. Desde então, foram 227 conduções coercitivas, segundo o voto do relator, ministro Gilmar Mendes. Em 2017, ele proibiu o uso do instrumento por liminar. Para Gilmar Mendes, as conduções coercitivas "são o novo capítulo da espetacularização das investigações. O investigado conduzido coercitivamente é claramente tratado como culpado". Toffoli afirmou que é chegado o momento de a Corte impedir "interpretações criativas". Lewandowski respondeu à fala do ministro Luís Roberto Barroso sobre o que chamou de "surto de garantismo" do tribunal quando a Justiça começou a quebrar um "pacto oligárquico" ao punir crimes de colarinho branco. A jurisprudência garantista do Supremo, conforme Lewandowski, "não constitui nenhuma novidade, sempre construída a partir de casos de pessoas pobres, desempregadas, subempregadas e de pequeno poder aquisitivo". Marco Aurélio reforçou o coro ao sustentar que não se pode partir para o justiçamento, colocando a segurança jurídica em risco e a sociedade em sobressaltos. Para o decano Celso de Mello, há necessidade de se dar proteção efetiva ao devido processo legal, no sentido de que o processo penal é meio de contenção e delimitação dos poderes dos órgãos de acusação. O presidente da Corte, Dias Toffoli, avalia que todos os impasses que se impuseram no país foram resolvidos pelas vias institucionais, com respeito à Constituição e às leis. Segundo o ministro, nesse período, o Poder Judiciário, em especial

Tal assertiva se dilata, mormente quando, visivelmente, um amplo aspecto de fatores extrajurídicos, fruto, muitas vezes, de grupos de pressão, de várias naturezas, e, de atuações monocráticas, antagônicas

---

o STF, foi o grande árbitro, ao desempenhar papel fundamental nesse processo contínuo de construção da democracia, moderando os conflitos, corrigindo eventuais desvios democráticos e impedindo que contrariedades políticas conjunturais levassem à ruptura do regime constitucional. Nem todos os analistas políticos e juristas concordam com a posição institucional do presidente da corte. Se alguns chegam a dizer que no país houve uma ruptura democrática, outros são mais contidos, mas não deixam de apontar momentos em que a expectativa em cima dos julgadores foi frustrada, de uma maneira ou de outra. Fato é que é indissociável olhar para o destaque da corte como protagonista político e para a construção jurisprudencial e a confiabilidade da atuação do Judiciário nesse cenário. É fundamental a compreensão de ambos os fenômenos, e de cada um deles, para entender como se influenciam. 2018, num dos exemplos mais emblemáticos, o Supremo optou por julgar o Habeas Corpus preventivo da defesa do ex-presidente Luiz Inácio Lula da Silva a analisar as ações que tratam, de forma abstrata, da possibilidade de execução de pena antes do trânsito em julgado. Assim, adiou o momento de firmar uma tese para dar por encerrada as diferenças de aplicação da norma constitucional. Na ocasião do julgamento do HC, o relator das ações, ministro Marco Aurélio, chegou a dizer à então presidente Cármen Lúcia: "Venceu a estratégia!". O ministro se referia ao fato de ter liberado para Plenário, no início de 2017, as ações que tratam da execução provisória. Entre essa data e o julgamento do caso de Lula, com repercussões políticas de grande dimensão, o ministro pediu a inclusão delas na pauta plenária. O decano da corte, ministro Celso de Mello, interferiu e quis negociar o assunto com a presidente. Sugeriu um encontro informal para evitar o constrangimento que uma questão de ordem apresentada por algum ministro no Plenário poderia gerar – no que tampouco teve sucesso. Para além da questão jurídica, a polêmica girou em torno da ministra Rosa Weber. Ao votar, foi categórica. No caso concreto, aplicaria o princípio da colegialidade. No entanto, no controle abstrato, se uniria ao grupo que defende a literalidade da Constituição. O voto dela foi o que formou a maioria para negar a liminar a Lula. Para Cármen Lúcia, no entanto, pautar o mérito das ações antes do HC de Lula seria "apequenar o tribunal". Na sua opinião, levar o caso ao Plenário seria ceder a pressões para virar o placar a favor de aguardar o trânsito em julgado, uma vez que o tema já havia sido apreciado e votado anteriormente e a execução antecipada autorizada. Enquanto a decisão não vem, ministros do próprio tribunal seguem dando pareceres diversos. Marco Aurélio e Ricardo Lewandowski continuam a conceder HCs a presos provisórios condenados no segundo grau – para eles, a Constituição não é "mera folha de papel" e a ela devem respeito. Advogados seguem pedindo que a execução da pena de seus clientes seja revista com base na ausência de uma definição da Corte Suprema e observando, justamente, essas divergências. No último dia do Ano Judiciário de 2018, a controvérsia voltou à tona. O ministro Marco Aurélio suspendeu a execução antecipada da pena de prisão e mandou soltar todos os que estivessem presos nessa condição. Na liminar, o ministro se disse convencido da constitucionalidade do artigo 283 do Código de Processo Penal. Criticou o uso de "argumentos metajurídicos" para justificar a execução antecipada quando a Constituição não a permite. Entre esses argumentos, os altos índices de violência e de corrupção na sociedade brasileira. Horas mais tarde, Dias Toffoli derrubou a decisão a pedido da Procuradoria-Geral da República. De acordo com o presidente da corte, o Plenário é que deverá avaliar o caso. Disse também que pode o presidente, de acordo com o Regimento Interno do STF, a pedido da PGR, admitir a contracautela se demonstrado que o ato impugnado possa vir a causar grave lesão à ordem, à saúde, à segurança e à economia pública. Toffoli justificou a decisão pela relevância do tema e do potencial risco de lesão à ordem pública e à segurança que a liminar de Marco Aurélio acarretaria. (https://www.conjur.com.br/2019-mai-27/anuario-justica-seguranca-juridica-desafio-seculo-xxi) OBS.: *transcrição muito longa, mas importante para revelar o nível de conflituosidade no STF.*

de integrantes de órgãos colegiados superiores cujo único antídoto de relativa eficácia seria e é a atuação o mais amplamente possível dos órgãos colegiados, com a redução das decisões monocráticas a questões de admissibilidade ou outras de natureza meramente procedimental e, de mérito, em casos de extrema urgência, sempre sujeitas à chancela posterior e em curto espaço de tempo, pelo órgão plural, para diluir o elemento pessoal, da decisão monocrática.

2.2 No mando fático, onde se "vive e morre", já se disse, com razão:

"No Brasil, até o passado é incerto."
Essa frase atribuída ao ex-ministro da Fazenda Pedro Malan se aplica bem à insegurança jurídica do país atualmente. O ambiente econômico, institucional e social está cada vez mais corroído pelas incertezas que rondam a aplicação de leis e normas, deixando em dúvida o entendimento não só do futuro, mas do presente e até mesmo do passado. Esse problema, que permeia a tributação, as relações de trabalho, a regulação da infraestrutura e a atividade de empreender, tem um alto custo para o país, ainda não devidamente dimensionado. A falta de nitidez em relação a direitos e deveres das empresas, além das constantes alterações em leis e marcos regulatórios, mina a competitividade da economia, o que causa prejuízos às empresas, aos trabalhadores e à nação como um todo. Num panorama de incerteza quanto à estabilidade dos negócios e à validade de contratos, investimentos são cancelados, projetos, engavetados, vagas de trabalho deixam de ser criadas e a retomada do desenvolvimento econômico e social é adiada. Nossos legisladores aprovam leis cujo texto não tem a clareza necessária e, muitas vezes, não contam com base constitucional. As regras são modificadas sem a verificação do impacto econômico dessas alterações e sem que se estabeleça um regime de transição, indispensável para que empresas e contribuintes façam as adaptações exigidas. Há uma produção exagerada de leis, códigos, medidas provisórias, regulamentos, decretos e outras regras que se amontoam diante dos cidadãos e das empresas. Muitas são sobrepostas e tratam dos mesmos assuntos. Para se ter uma ideia, levantamento feito pelo Instituto Brasileiro de Planejamento e Tributação (IBPT) revela que a quantidade de normas editadas no Brasil aumentou de 3,3 milhões em 2003 para 5,7 milhões em 2017 – um acréscimo de 73%. *Considerado o principal guardião da estabilidade da legislação, promotor da pacificação social e garantidor da ordem, o Poder Judiciário tem se tornado um fator de insegurança jurídica, ao questionar leis aprovadas pelo Congresso Nacional. Julgamentos díspares em casos similares, interpretações erradas, mudanças bruscas de entendimento, morosidade e o excesso de processos pioram o quadro. Em muitos casos, as sentenças são aleatórias, arbitrárias ou mostram a preferência do magistrado. Em muitas decisões, o interesse*

de burocratas e governantes se sobrepõe aos direitos dos indivíduos e das empresas. Isso acontece principalmente em áreas como meio ambiente, direito do consumidor e regulação de serviços públicos, além de questões nos campos trabalhista, previdenciário e tributário. Como disse recentemente o professor de direito da Fundação Getulio Vargas Joaquim Falcão, o mais preocupante é que nem mesmo o Supremo Tribunal Federal tem sido capaz de impedir incertezas jurídicas. "Pelo contrário, muitas vezes o STF as suscita, com a procrastinação de decisões ou a revisão de entendimentos", diz o jurista. (https://veja.abril.com.br/economia/os-danos-da-inseguranca-juridica-para-o-brasil/).

2.3 Alguns autores chegam a defender o subjetivismo da interpretação dos princípios como algo positivo, verdadeiro mecanismo de transformação social.[37] Relevante, entretanto, destacar que o subjetivismo dos órgãos de controle (ação majoritariamente *a posteriori*) pode e tem efeitos danosos sobre a obra feita. Gera insegurança e temor ao agente público, ao empresário, ao empreendedor, ao consumidor, enfim, ao destinatário da lei. Até à aplicação do art. 5º, II, da Constituição Federal: *ninguém será obrigado a fazer ou deixar de fazer alguma coisa senão em virtude de lei.* Vem a pergunta: qual o sentido da lei? Aquele que o agente entendia que ela tinha? Ou aquele que o Judiciário, posteriormente, viria a entender que ela teria?

A interpretação agrega, completa o sentido do objeto interpretado, mas para que haja pacificação social é necessário que haja unidade de interpretação, o que só ocorre em órgão plural com a decisão colegiada, onde as várias "cores" se misturam.

É de se observar que aquela posição de defesa do subjetivismo, dos órgãos controladores, só poderia ser acolhida com grande mitigação de seus efeitos e com a efetiva predominância das decisões colegiadas. Sem dúvida a pluralidade de visões é sempre útil. O que é inaceitável é que as decisões definitivas sejam monocráticas e díspares, divergentes a depender de qual das "serpentes da cabeça da hidra" venha a proferi-la.

Dúvida não se pode ter, p. ex., que as decisões individuais de ministros como Gilmar Mendes, Marco Aurélio ou Alexandre de Moraes têm, sobre as mesmas matérias, pressupostos e fundamentos bem distintos daquelas proferidas pelo ministro Fachin ou por Luís Barroso ou Rosa Weber. Ressalte-se que, em uma sociedade democrática, isso é

---

[37] PONTES BONFIM, Thiago Rodrigues. Obra citada, p. 104, quando defende: "os princípios constitucionais assumem a função de desenvolver e atualizar as normas constitucionais e infraconstitucionais, o que somente pode ser levado a cabo devido ao *que, em sua maioria usufruem*" (destaque nosso – p. 104). Ora, para assegurar a integridade do sistema, essa ideia de subjetivismo tem que ser entendida como extremamente limitada.

relevante desde que a decisão final seja pela mescla das posições e não pelo viés da individualidade.

Como bem salientado por Samuel Paiva Cota e Alexandre Gustavo M. F. de Moraes Bahia:

> Defende-se uma teoria dos precedentes própria do direito brasileiro e com vistas a garantir real efetividade e importância a este sistema, evitando em um contexto de evidência do Poder Judiciário e da constituição Federal de 1988 uma aplicação às avessas da "jurisprudência" mecanicamente. Nesse ínterim, em relação à uniformização decisória e ao fechamento argumentativo, tão defendidos no direito brasileiro contemporâneo, faz-se necessário perceber que ao direito jurisprudencial se aplica a advertência de Duxbury que *"certamente, seguir precedentes com o fim de gerar estabilidade doutrinária ou o encerramento do debate jurídico dificilmente será louvável onde flexibilidade e abertura são as qualidades que servem melhor aos litigantes"*.[38]

2.4 Em verdade, relevante parcela da doutrina processual vem se dedicando ao estudo dos *princípios constitucionais do processo civil; princípios do processo no novo Código de Processo Civil*. Esses temas encantam e seduzem os processualistas, sobretudo os noviços, alguns brilhantes, sem dúvida.

Marcelo José Magalhães Bonício, como destacado representante dessa linha de pensamento, leciona:

> A interação entre Constituição e processo é extremamente rica em seu conteúdo, pois o processo é um instrumento neutro, naturalmente incapaz de detectar os valores sociais e políticos de determinada sociedade, tarefa que incumbe ao direito material sistematizar. No entanto quando se percebe que o processo depende da constituição para ser legítimo (daí falar-se em devido processo constitucional) e que ao mesmo tempo extrai seus fundamentos dela, o estudo do sistema processual ganha sentido, agora animado pelos valores constitucionalmente albergados, principalmente quanto ao seu modo de ser.[39]

---

[38] PAIVA COTA, Samuel; MORAES BAHIA, Alexandre Gustavo Melo Franco de. O modelo constitucional de processo e suas benesses: A reconstrução da teoria dos precedentes no direito brasileiro vs. a compressão equivocada do seu uso no Brasil. *In: Revista de Processo,* vol. 260, p. 41, out. 2016.

[39] MAGALHÃES BONÍCIO, Marcelo José. *Princípios do processo no novo Código de Processo Civil.* São Paulo: Saraiva, 2016, p. 65.
Nota: a doutrina se forma quase uniforme, elenca como relevantes princípios constitucionais do processo civil:

2.5 No mesmo sentido pode ser citado grande número de autores, todos enaltecendo a relevância da Constituição (indiscutível) e da aplicação de seus princípios ao processo civil. Destacando-se sempre a importância da "constitucionalização do processo civil,[40] sem a precisa indicação do menos "glamoroso", mas, de maior concretude, que é a precisa indicação dos meios, dos instrumentos para que esses princípios tenham efetividade. Exemplo desse "sonho" é a previsão da *razoável duração do processo*, introduzido pela Emenda Constitucional nº 45 (da reforma do Judiciário). Considerando o lapso de tempo entre a entrada em vigor daquela emenda, a entrada em vigor do Novo CPC e o momento atual, chega-se à melancólica conclusão de que não houve efetivo aperfeiçoamento do processo civil brasileiro no sentido de tal princípio ser alcançado. As estatísticas do CNJ o demonstram.

2.6 A grande questão que se põe em um país como o Brasil não é de oposição ao elenco de princípios, mas de insuficiência dos meios para que esses princípios sejam observados, o que, ressalte-se, é um hiato presente em sistemas jurídicos similares ao brasileiro, onde se tem trabalhado na construção de uma relevante moldura constitucional, sem que se tenha uma adequada busca pela concretização desses enunciados constitucionais. Tal é marcante em inúmeras áreas do ordenamento jurídico pátrio. Confronte-se, p. ex., a previsão normativa do art. 7º da Carta Constitucional com a realidade brasileira.[41]

---

1) inafastabilidade de jurisdição; 2) juiz natural; 3) contraditório e ampla defesa; 4) inadmissibilidade de provas ilícitas; 5) publicidade; 6) fundamentação das decisões; 7) boa-fé e lealdade processual; 8) isonomia e igualdade; 9) celeridade ou razoável duração do processo; 10) duplo grau de jurisdição; dentre outros.

[40] Veja-se, p. ex., CAMBI, Eduardo. *Neoconstitucionalismo e neoprocessualismo*. São Paulo: Almedina Brasil, 2016, p. 60\61.

[41] CF de 1988:
Art. 7º São direitos dos trabalhadores urbanos e rurais, além de outros que visem à melhoria de sua condição social:
I - *relação de emprego protegida contra despedida arbitrária ou sem justa causa*, nos termos de lei complementar, que preverá indenização compensatória, dentre outros direitos; (em verdade, não se tem garantia face à despedida imotivada, não se cumprindo nem mesmo a resolução da OIT sobre a matéria, à qual estaria o Brasil vinculado)
II - seguro-desemprego, em caso de desemprego involuntário;
III - fundo de garantia do tempo de serviço;
IV - salário mínimo, fixado em lei, nacionalmente unificado, capaz de atender a suas necessidades vitais básicas e às de sua família com moradia, alimentação, educação, saúde, lazer, vestuário, higiene, transporte e previdência social, com reajustes periódicos que lhe preservem o poder aquisitivo, sendo vedada sua vinculação para qualquer fim;
(observação: o salário mínimo brasileiro não garante efetivamente esses direitos, enquanto o salário mínimo em países outros, como o caso da Alemanha alcança 1.557,00 EUR por mês (jul. de 2019) e o da França 1.521,22 EUR, Suíça 2.709,00 EUR, sem qualquer previsão nos respectivos textos constitucionais);

CAPÍTULO II
PRINCIPIOLOGIAS E INCERTEZAS | 47

V - piso salarial proporcional à extensão e à complexidade do trabalho;
Destaque-se ainda que, apesar de o Brasil ser signatário da CONVENÇÃO nº 158 da OIT, até hoje a norma internacional, que deveria se sobrepor à legislação interna, não tem aplicação por não haver norma regulamentadora. Nesse sentido, tem decidido o TST:
A Terceira Turma do Tribunal Superior do Trabalho rejeitou, por unanimidade, agravo de instrumento de uma auxiliar de produção que tentava reverter sua dispensa pela Chocolates Garoto S.A. com fundamento na Convenção 158 da Organização Internacional do Trabalho (OIT), que garante o emprego contra demissão arbitrária. O Tribunal Regional do Trabalho da 17ª Região (ES) negou o pedido de reintegração da assistente com o entendimento de que as normas previstas na Convenção 158 "são meramente programáticas", ou seja, sua aplicação dependeria de lei complementar. No agravo pelo qual tentava trazer o recurso ao TST, a industriária reiterou a tese defendida nas instâncias inferiores de que sua despedida imotivada seria ilegal. Entre outros argumentos, afirmava que o Decreto 2.100/96, que denunciou (revogou) a Convenção 158 da OIT, violava o artigo 49, inciso I, da Constituição Federal, que atribui competência exclusiva ao Congresso Nacional para resolver a matéria. A nulidade do decreto, a seu ver, implicaria a nulidade da dispensa, uma vez que não houve motivo técnico ou econômico que a justificasse.
Eficácia
O relator do agravo, ministro Alberto Bresciani, explicou que a Convenção 158, basicamente, determina que "não se dará término à relação de trabalho de um trabalhador, a menos que exista para isso uma causa justificada relacionada com sua capacidade ou seu comportamento ou baseada nas necessidades de funcionamento da empresa, estabelecimento ou serviço". Incorporada ao ordenamento jurídico brasileiro pelo Decreto nº 1.855/1996, a norma foi denunciada meses depois pelo Decreto nº 2.100/96, e, segundo o relator, "jamais surtiu eficácia". Bresciani explicou que, de fato, a Constituição Federal estabelece que a lei complementar seria a via para se estabelecer a proteção contra a despedida arbitrária ou sem justa causa, e que a própria Convenção 158 exige a edição de lei para que produza efeitos. "Como, nunca, nenhuma norma regulamentadora tenha sido editada, nenhum 'efeito' foi possível", afirmou. "A inobservância da forma exigível conduzirá à ineficácia qualquer preceito pertinente à matéria reservada. Se a proteção contra o despedimento arbitrário ou sem justa causa é matéria limitada à Lei Complementar, somente a Lei Complementar gerará obrigações legítimas". Com esta fundamentação, o ministro afastou a ofensa à Constituição alegada pela auxiliar e desproveu o recurso. O ministro Mauricio Godinho Delgado, seguindo o relator, afirmou não ser possível atender ao pedido da trabalhadora diante do entendimento do Supremo Tribunal Federal que, em decisão liminar na Ação Direta de Inconstitucionalidade 1.480, entendeu que a Convenção 158 da OIT teria eficácia limitada e não garantia o direito ao emprego (Dirceu Arcoverde/CF) Processo: AIRR-1430-79.2014.5.17.0007 (http://www.tst.jus.br/noticias/-/asset_publisher/89Dk/content/turma-afasta-aplicacao-da-convencao-158-da-oit-em-dispensa-imotivada).

CAPÍTULO III

PRINCÍPIOS, SONHOS E INEFICIÊNCIA

3.1 Inicia-se esse capítulo destacando que o novo CPC *expressamente dispõe:*

O processo civil será ordenado, disciplinado e interpretado conforme os valores e as normas fundamentais estabelecidos na Constituição da República Federativa do Brasil.

O conceito de valor ali inserido pode ser extraído da Carta Magna, tendo como origem, sobretudo, a parte introdutória do texto constitucional, cuja repetição, em verdade, seria desnecessária. Poderia o CPC estabelecer de modo diverso? Evidentemente a resposta seria negativa. Sendo obrigatória a observância do texto constitucional, qual o sentido da reprodução?

A Constituição brasileira é um tanto quanto "barroca" nesse conjunto rechonchudo de princípios e valores que enumera. Poder-se-ia ressaltar, em breve digressão, o próprio preâmbulo da Carta, que de certo modo conflita com o texto, mormente no tocante à invocação religiosa que faz. Segue uma pequena digressão acerca desse tópico.

O TEXTO PREAMBULAR dispõe:
Nós, representantes do povo brasileiro, reunidos em Assembleia Nacional Constituinte para instituir um Estado Democrático, destinado a assegurar o exercício dos direitos sociais e individuais, a liberdade, a segurança, o bem-estar, o desenvolvimento, a igualdade e a justiça como valores supremos de uma sociedade fraterna, pluralista e sem preconceitos, fundada na harmonia social e comprometida, na ordem interna e internacional, com a solução pacífica das controvérsias, promulgamos, *sob a proteção de Deus*, a seguinte CONSTITUIÇÃO DA REPÚBLICA FEDERATIVA DO BRASIL.

A invocação de cunho religioso contraria a ideia de estado laico e, mesmo assim, fez-se a opção pela ideia de um Deus uno, no modelo cristão ocidental, diferentemente de modelos como os das religiões afro-brasileiras.[42]

Ali estão especificados os componentes do quadro valorativo considerados na constituição como limites para a atuação dos produtores das normas inferiores, seus intérpretes e seus operadores.

Sobre ele, merece referência a lição de José Afonso da Silva:

> É a parte que precede ao texto articulado das Constituições. É a expressão solene de propósitos, uma afirmação de princípios, uma síntese do pensamento que dominou na assembleia constituinte em seu trabalho de elaboração constitucional. Enuncia por quem, de acordo com que autoridade e para que fim foi estabelecida a Constituição.[43]

Embora, como observado, haja naturais divergências entre o que exprime e o conteúdo jurídico da Carta Constitucional.

3.2 Na sequência, nos artigos iniciais da Constituição, tem-se uma farta enumeração de princípios, divididos em *fundamentos*, considerados pressupostos básicos ao modelo de Estado brasileiro, que são:

I - a soberania;

II - a cidadania

III - a dignidade da pessoa humana;

IV - os valores sociais do trabalho e da livre iniciativa;

V - o pluralismo político.

Dúvida não se pode ter, entretanto, que parte desse enunciado representa pilares bastante relativizados, mormente em um mundo economicamente globalizado.[44] Infelizmente, o que se observa é a "atenuação da ideia de soberania", atenuação essa, muitas vezes,

---

[42] Veja-se, p. ex., que, embora haja variações, nas religiões afro-brasileiras há diferentes orixás. Muitas pessoas têm curiosidade sobre quais são os orixás Umbanda, mas existem sete orixás que estão presentes em todas as vertentes, são eles: Iemanjá, Ogum, Oxalá, Oxossi, Xangô, Iansã e Oxum. Por outro lado, na vertente do budismo japonês, "No Budismo Shingon há muitos Budas em quem os devotos têm uma conexão sagrada especial. Cada um tem características especiais pelas quais eles são cultuados. https://budismojapones.webnode. com.br/divindades/. Poder-se-ia ainda citar várias outras religiões politeístas, inclusive as presentes nas comunidades indígenas brasileiras.

[43] SILVA, José Afonso da. *Comentário contextual à Constituição*. 2. ed. São Paulo: Malheiros, 2006, p. 21.

[44] Sobre o tema, consulte-se FERNANDES, Luciana Medeiros. *Soberania e processos de integração*. 2. ed. Curitiba: Juruá, 2007.

justificada por razões até humanitárias, que podem encobrir interesses mesquinhos camuflados.[45]

Por outro lado, valores relevantes como cidadania, valores sociais do trabalho e da livre-iniciativa (também referidos no introito da Ordem Econômica – art. 170 da CF) encontram-se debilitados, frente ao modelo neoliberal de Estado, que vem avançando, ao desemprego endêmico, sobretudo face à robotização e à globalização. Não há como olvidar problemas atuais relevantes como o desemprego crônico, agravado pela abertura de fronteiras que possibilita o ingresso de serviços e bens por preços inferiores aos necessários para que haja produção nacional e as grandes limitações às barreiras de importação, decorrentes da vinculação do Brasil à OMC. A globalização desmedida enfraquece e fragiliza os países mais pobres, levando inclusive à forte desindustrialização[46] face à perda de competitividade.

---

[45] The United Nations, formed in the aftermath of World War II to promote peace and stability, recognizes the importance of sovereignty, especially for newly independent nations or those seeking independence from colonizers. The UN Charter says: "Nothing contained in the present Charter shall authorize the United Nations to intervene in matters which are essentially within the domestic jurisdiction of any state". The principle does not rule out the application of enforcement measures in case of a threat to peace, a breach of peace, or acts of aggression on the part of the state. The Genocide Convention of 1948 also overrode the nonintervention principle to lay down the commitment of the world community to prevent and punish. Yet inaction in response to the Rwanda genocide in 1994 and failure to halt the 1995 Srebrenica massacre in Bosnia highlight the complexities of international responses to crimes against humanity.
Parte inferior do formulário
Parte superior do formulário
Parte inferior do formulário
In 2000, the Canadian government and several other actors announced the establishment of the International Commission on Intervention and State Sovereignty (ICISS) to address the challenge of the international community's responsibility to act in the face of the gravest of human rights violations while respecting the sovereignty of states (Jayshree Bajoria and Robert McMahon, in: *The Dilemma of Humanitarian Intervention* – https://www.cfr.org/backgrounder/dilemma-humanitarian-intervention.

[46] Segundo o Instituto Brasileiro de Geografia e Estatística (IBGE), a produção industrial brasileira caiu 1,2% em novembro, configurando o pior resultado para o mês de novembro desde 2015. Os dados foram divulgados nesta quinta-feira (9). A retração na indústria não é apenas episódica, apesar de o resultado interromper uma sequência de três altas seguidas, em agosto, setembro e outubro. A produção recuou 1,1% de janeiro a novembro; 1,3% em 12 meses; e 1,7% na comparação com novembro de 2018. No período de outubro a novembro de 2019, os dados indicam queda em importantes segmentos industriais. Bens de consumo duráveis (-2,4%), bens intermediários (-1,5%), bens de capital (-1,3%) e bens de consumo semi e não duráveis (-0,5%). Das dezesseis categorias pesquisadas, dez apresentaram queda, entre as quais se destacam veículos automotores (-4,4%), produtos alimentícios (-3,3%), indústria extrativa e máquinas e equipamentos (-1,6%). Tiveram desempenho positivo seis categorias, entre as quais impressão e produção de gravações (24%), derivados de petróleo e biocombustíveis (1,6%) e produtos de borracha e material plástico (2,5%).
Disponível em: https://www.redebrasilatual.com.br/economia/2020/01/situacao-da-industria-brasileira-nunca-foi-tao-grave – *Eduardo Maretti*, Publicado em *09.01.2020*.

O pluralismo político também é de difícil preservação em uma sociedade tão desigual, onde poucos são os grupos efetivamente articulados disputando entre si as representações da sociedade, que passivamente aguarda...[47]

> Parágrafo único. Todo o poder emana do povo, que o exerce por meio de representantes eleitos ou diretamente, nos termos desta Constituição.

A representação democrática é outro pilar a merecer uma adequada análise incompatível com a natureza do presente trabalho.
3.3 Segue a Constituição:

> Art. 2º São Poderes da União, independentes e harmônicos entre si, o Legislativo, o Executivo e o Judiciário.

O momento atual do constitucionalismo brasileiro demonstra ser um turbulento momento de "acomodação", não com excessivas e profundas inserções do Executivo em funções legislativas, de pretensões do Legislativo de tutelar a função Executiva, como se verifica com os

---

[47] Veja-se a pesquisa de *Edson Sardinha* e *Renata Camargo*:
Berço de alguns dos mais poderosos clãs políticos do país, o Nordeste é a região que concentra o maior número de deputados com parentes na política. Tanto proporcionalmente quanto em números absolutos. De cada dez parlamentares que assumiram o mandato por um dos nove estados nordestinos, seis têm algum parentesco com outras figuras do mundo político. A prática da política em família é comum a 97 dos 161 deputados da região... Para o historiador José Octávio de Arruda Mello, professor aposentado da Universidade Federal da Paraíba (UFPB), o predomínio de determinadas famílias na política nordestina mostra que o coronelismo está bem vivo na região. Mas sob nova roupagem...? Não tem mais o bico de pena, do voto de cabresto, mas tem o sistema de aliança, que é mais fluido. As alianças vão desde a base até em cima. É urbano. O coronel tradicional tinha cartucheira atravessada no peito. O neocoronel é um homem de cidade. São bacharéis, pessoas ilustradas, mas que sabem onde está o peso da máquina, onde está a força do poder. Eles costumam penetrar nas universidades. É um coronelismo ilustrado, mas é um coronelismo?, considera. O professor afirma que as grandes famílias se apropriaram do poder no Brasil, principalmente nas regiões mais pobres, rateando a máquina pública entre seus representantes. Elas rateiam o poder, colocando seus representantes nas posições decisórias. Elas estão também no Judiciário. É o estamento, a comunidade de poder que não se renova... Na avaliação do cientista político Ricardo Costa de Oliveira, o fenômeno do parentesco na política não se restringe a estados com índices de desenvolvimento mais baixos. Um dos principais analistas da política do Paraná – estado que ostenta o sexto maior Índice de Desenvolvimento Humano (IDH) do país –, Oliveira afirma que a política brasileira, de modo geral, está sendo dominada por famílias. Para mudar esse rumo, o cientista político sugere a redução de privilégios para a classe política. "O Paraná, mesmo com a imagem de que é um estado moderno, de migração, tem famílias políticas e conexões de parentescos muito antigas. Então, o Paraná não é diferente do Maranhão, de Alagoas e outros estados", disponível em: https://congressoemfoco.uol. com.br/especial/noticias/familias-mandam-no-nordeste-mas-nao-so-la, acesso em: 23 nov. 2018.

excessos do "orçamento participativo e impositivo", com pretensões de tutela de dirigentes de entes relevantes, como os principais reguladores brasileiros, dentre outras medidas, claramente visando minar o regime *presidencialista* insculpido na Constituição.

Por outro lado, o Judiciário, sobretudo o STF, com a claríssima postura proativa, excessiva e invasiva nas competências dos demais Poderes.

Continua o texto maior:

> Art. 3º Constituem *objetivos fundamentais* da República Federativa do Brasil:
> I - construir uma sociedade livre, justa e solidária;
> II - garantir o desenvolvimento nacional;
> III - erradicar a pobreza e a marginalização e reduzir as desigualdades sociais e regionais;
> IV - promover o bem de todos, sem preconceitos de origem, raça, sexo, cor, idade e quaisquer outras formas de discriminação.

Relevante observar quão distante está o texto da realidade brasileira. Aqui não se fará digressões no intuito de referenciar o distanciamento do enunciado constitucional desse mundo fático em que se vive.

Talvez, apenas o inciso IV tenha tido um maior nível de concretização, com políticas de inserção e criminalização de condutas racistas a grupos como os gays, lésbicas, dentre outros.

A erradicação da pobreza e a redução de desigualdades inter-regionais e sociais não têm estado presentes no patamar necessário nas políticas públicas brasileiras, tanto assim que nos últimos anos tem-se constatado uma ampliação da faixa de pobreza, inclusive do percentual de miseráveis.[48]

---

[48] Observe-se o texto do IBGE:
Em 2018, o país tinha 13,5 milhões pessoas com renda mensal per capita inferior a $1,4 (dólares americanos) por dia, critério adotado pelo Banco Mundial para identificar a condição de extrema pobreza. Esse número é equivalente à população de Bolívia, Bélgica, Cuba, Grécia e Portugal. Embora o percentual tenha ficado estável em relação a 2017, subiu de 5,8%, em 2012, para 6,5% em 2018, um recorde em sete anos. Os dados são da Síntese de Indicadores Sociais (SIS) divulgada hoje pelo IBGE. O gerente do estudo, André Simões, ressalta que são necessárias políticas públicas para combater a extrema pobreza, pois ela atinge um grupo mais vulnerável e com menos condições de ingressar no mercado de trabalho. A Síntese de Indicadores Sociais também apontou que, embora um milhão de pessoas tenha deixado a linha de pobreza – rendimento diário inferior a US$ 5,5, medida adotada pelo Banco Mundial para identificar a pobreza em países em desenvolvimento como o Brasil –, um quarto da população brasileira, ou 52,5 milhões de pessoas, ainda vivia com menos de R$ 420 per capita por mês. O índice caiu de 26,5%, em 2017, para 25,3% em 2018, porém,

Difícil imaginar que, com o modelo reducionista de Estado que se pretende impor à sociedade brasileira, com uma carga tributária que aflige a base e poupa o topo da pirâmide social, não se tem efetivamente um grande devaneio acerca do texto constitucional, romântico e distante da realidade que é o novo CPC.

Enxertado de princípios, mas que no mundo fático extraído das estatísticas não teve reflexo significativo na mudança do *modus operandi* referente aos procedimentos à luz do Direito Processual aplicado.

Art. 4º A República Federativa do Brasil rege-se nas suas relações internacionais pelos seguintes *princípios*:

I - independência nacional;
II - prevalência dos direitos humanos;
III - autodeterminação dos povos;
IV - não-intervenção;
V - igualdade entre os Estados;
VI - defesa da paz;
VII - solução pacífica dos conflitos;
VIII - repúdio ao terrorismo e ao racismo;
IX - cooperação entre os povos para o progresso da humanidade;
X - concessão de asilo político.

Parágrafo único. A República Federativa do Brasil buscará a integração econômica, política, social e cultural dos povos da América Latina, visando à formação de uma comunidade latino-americana de nações.

---

o percentual está longe do alcançado em 2014, o melhor ano da série, que registrou 22,8%. "Em 2012, foi registrado o maior nível da série para a pobreza, 26,5%, seguido de queda de 4 p.p. em 2014. A partir de 2015, com a crise econômica e política e a redução do mercado de trabalho, os percentuais de pobreza passaram a subir com pequena queda em 2018, que não chega a ser uma mudança de tendência", avalia o analista do IBGE Pedro Rocha de Moraes. A pobreza atinge sobretudo a população preta ou parda, que representa 72,7% dos pobres, em números absolutos 38,1 milhões de pessoas. E as mulheres pretas ou pardas compõem o maior contingente, 27,2 milhões de pessoas abaixo da linha da pobreza... Em 2018, a redução da pobreza se deu principalmente no Sudeste, que registrou menos 714 mil pessoas nessa condição, sobretudo no estado de São Paulo (menos 623 mil). Quase metade (47%) dos brasileiros abaixo da linha de pobreza em 2018 estava na região Nordeste. O Maranhão foi o estado com maior percentual de pessoas com rendimento abaixo da linha de pobreza, (53,0%). Já Santa Catarina, que também se mostrou o estado menos desigual, apresentou o menor percentual de pobres. Todos os estados das regiões Norte e Nordeste apresentaram indicadores de pobreza acima da média nacional (https://agenciadenoticias. ibge.gov.br/agencia-noticias).

3.4 Difícil é o confronto entre o texto e a realidade. Como exemplo disso pode-se apontar o afastamento atual daquilo que dispõe o parágrafo único do artigo transcrito.[49]

O texto é vago e abrangente em sociedade que passa por momentos de intensos conflitos. É gerador de interpretações extremamente divergentes e muitas vezes relegadas por visões atrofiantes a partir de "mentes atrofiadas".

Alguns tristes exemplos poderiam ser lembrados, quando se discute "ideologia de gênero", "escola "sem ideologia" (que é um radicalismo ideológico), autonomia universitária *vs.* captura ideológica das universidades, repercutindo em temas relevantes como as eleições dos órgãos diretivos, objeto de abrupta alteração pela Medida Provisória nº 914, de 24 de dezembro de 2019.

Apresentam-se discursos sobre redução de desigualdades e tem-se uma legislação tributária que onera mais gravosamente a base da sociedade. O veemente discurso sobre carga tributária excessiva é enganoso. Tem-se, p. ex., um limitado teto de incidência de IRPF, de 27,5%, e uma pesada carga tributária sobre o consumo, divergentemente do que ocorre com as sociedades com sistemas democráticos mais consolidados. Para tal basta que sejam comparadas as tributações sobre renda, no Brasil e em países como o Reino Unido (47,0%), EUA (50,0%), Suécia (57,0%), Israel (50,0%), dentre outros.

3.5 Fala-se em não intervenção e defende-se a pressão sobre a Venezuela, em momento de crise. Fala-se em redução de desigualdade e tem-se o projeto de "reforma da previdência", que poupa setores melhor aquinhoados da sociedade. Fala-se em contribuição da sociedade para melhoria das condições do país e os "rentistas" continuam poupados, tudo isso são singelos exemplos da enorme distinção entre o discurso jurídico e a realidade social brasileira.

Bem destaca acerca da figura do *valor* Elpídio Donizetti:

---

[49] Há dois anos já se constatava em relação ao Mercosul:
"A recente reunião da cúpula do Mercosul, realizada na última semana em Assunção (Paraguai), mostra que há um esvaziamento preocupante do bloco. Há poucos anos, a união era vista como uma alternativa de expansão econômica e independência política, o que não se confirmou. Após 18 anos de sua criação, ele continua uma zona de livre comércio, com falhas, e sequer conseguiu se consolidar como uma união aduaneira. Países como Argentina e Brasil buscam resguardar seus interesses e, com isso, afastam a possibilidade de integração, como se pregava na implantação do sistema". A efervescência política colocando em polos opostos os dois principais países do bloco. A crise chilena e a situação da Bolívia e da Venezuela são fatores que dificultam enormemente, não apenas a ampliação e consolidação do bloco mas, até mesmo, a sua manutenção como mera união aduaneira.

Os valores, por sua vez, surgem a partir de conceitos, elaborados pela própria sociedade, sobre o que é "bom" ou "mau", o que é "certo" ou "errado", o que é "moralmente aceito" e o que é "imoral", etc. Os valores refletem as características principais de uma sociedade e estão baseados no senso comum, ou seja, no que normalmente a sociedade considera como aceitável. Humberto Ávila esclarece que *"os princípios não se identificam com valores, na medida em que eles não determinam o que deve ser, mas o que é melhor. Da mesma forma, no caso de uma colisão entre valores, a solução não determina o que é devido, apenas indica o que é melhor. Em vez do caráter deontológico dos princípios, os valores possuem tão-só o axiológico"*.

3.6 Esses valores tão intensamente proclamados no texto constitucional são construções com nível de concretude baixo, aptas a interpretações que variam ao sabor de elementos metajurídicos que formam ou informam o pensamento do intérprete, às vezes o deformam.

Quantas e quantas vezes os operadores do Direito se sentiram frustrados com as sucessivas mudanças de interpretação do STF, no seu conjunto, ou representados por decisões individuais que muitas vezes se perpetuam por não serem levadas para ratificação ou retificação por uma das turmas, ou pelo colegiado do STF.[50]

3.7 De outra banda a referência a "normas fundamentais", quer na modalidade regra ou na modalidade princípios, sobretudo nessas também não oferece grande segurança ao intérprete.

Miguel Reale, acerca das normas, lecionava:

reconhecer que as normas jurídicas, sejam elas enunciativas de formas de ação ou comportamento, ou de formas de organização e garantia das ações ou comportamentos, não são modelos estáticos e isolados, mas sim modelos dinâmicos que se implicam e se correlacionam, dispondo-se num sistema, no qual umas são subordinantes e outras subordinadas, umas primárias e outras secundárias, umas principais e outras subsidiárias ou complementares, segundo ângulos e perspectivas que se refletem nas diferenças de qualificação verbal.[51]

---

[50] Para o ministro Marco Aurélio, "questões relevantes deveriam ser avaliadas por todos os ministros, e não de forma individual ou por alguma das duas turmas que compõem a Corte. (O plenário) seria a última palavra. O Supremo só deveria atuar no colegiado maior, eu não compreendo a existência de três Supremos, muito menos de 11 Supremos".
Ressalte-se, entretanto, que o ministro Marco Aurélio também não se mostra imune a essa prática, podendo-se citar decisões dele mesmo na época em que o STF em seu colegiado entendia ser possível o recolhimento do acusado à prisão após condenação em 2º grau.

[51] REALE, Miguel. *Filosofia do direito*. 16. ed. São Paulo: Saraiva, 1994

3.8 Observe-se que quando a norma é da espécie *princípios*, conforme antecipado, as dificuldades se agigantam.

O STF, em inúmeros julgados, os invoca, observem-se alguns:

Não cabe recurso extraordinário por contrariedade ao *princípio constitucional* da legalidade, quando a sua verificação pressuponha rever a interpretação dada a normas infraconstitucionais pela decisão recorrida (Súmula 636).

Destaque-se:

Há na Corte Maior envolvendo a questão de PRINCÍPIOS mais de 10.500 acórdãos e cerca de 174 em sede de repercussão geral, em muitas situações com postura de se "amalgamar" o princípio ao caso concreto. Vários sentidos são dados, p.ex. ao principio da *razoabilidade* em um Supremo Tribunal Federal que por vezes, em função da grande quantidade de decisões monocráticas (o que não é uma solução adequada, a não ser diante de excepcionalidades).[52]

Alguns exemplos aqui seguem:

RE 860631 RG / SP - SÃO PAULO
REPERCUSSÃO GERAL NO RECURSO EXTRAORDINÁRIO
Relator(a): Min. LUIZ FUX
Julgamento: 01/02/2018 Órgão *Julgador: Tribunal Pleno - meio eletrônico.*
ACÓRDÃO ELETRÔNICO
DJe-022 DIVULG 06-02-2018 PUBLIC 07-02-2018
EMENTA: RECURSO EXTRAORDINÁRIO. PROCESSUAL CIVIL E CONSTITUCIONAL. SISTEMA FINANCEIRO IMOBILIÁRIO. EXECUÇÃO EXTRAJUDICIAL. ALIENAÇÃO FIDUCIÁRIA DE BEM IMÓVEL. PRINCÍPIOS DA INAFASTABILIDADE DA JURISDIÇÃO,

---

[52] Expediente esse conhecido como a "monocratização do Supremo" nas palavras de Diego Arguelhes e Ivar Hartmann. Já em 2012, o número de decisões proferidas por ato monocrático foi de 47.900, de um universo total de 58.000. Em dados referentes a 2017, o CNJ informou que dos 26.500 julgamentos de mérito, 51,3% foram por decisão monocrática e que das 113.600 decisões proferidas em 2017, 89,8% o foram por decisões monocráticas, sendo objeto de pertinentes críticas:
Quem recorre a ele tem direito de ser julgado pelo plenário (nota: colegiado) e não por magistrado individualmente. Quando isso não ocorre, quem bate às portas do Supremo para defender seus direitos acaba ficando na dependência do subjetivismo, das oscilações de humor, das convicções doutrinárias e das inclinações políticas de um único magistrado. E é esse o grande perigo das decisões monocráticas, uma vez que estão elas a estimular o protagonismo judicial e gerar crises institucionais.
(Mannrich Vasconcelos – com excesso de decisões monocráticas STF favorece subjetivismo jurídico, disponível em: conjur.com.br, acesso em: 17 fev. 2018).

DO DEVIDO PROCESSO LEGAL, DA AMPLA DEFESA E DO CON-
TRADITÓRIO. DIREITOS FUNDAMENTAIS À PROPRIEDADE E À
MORADIA. QUESTÃO RELEVANTE DO PONTO DE VISTA JURÍDICO,
ECONÔMICO E SOCIAL. REPERCUSSÃO GERAL RECONHECIDA.
Decisão
Decisão: O Tribunal, por maioria, reputou constitucional a questão,
vencido o Ministro Edson Fachin. O Tribunal, por maioria, reconheceu
a existência de repercussão geral da questão constitucional suscitada,
vencido o Ministro Edson Fachin. Ministro LUIZ FUX Relator
Tema
982 - Discussão relativa à constitucionalidade do procedimento de
execução extrajudicial nos contratos de mútuo com alienação fiduciária
de imóvel, pelo Sistema Financeiro Imobiliário – SFI, conforme previsto
na Lei n. 9.514/1997.

3.9 A invocação feita no vestíbulo do código amplia o elenco
de hipotéticas discussões. Além disso, a *expressão é redundante*. Norma
alguma no sistema jurídico brasileiro poderá ser estabelecida ou
interpretada em desconformidade com a Constituição Federal.

Asseverar que a norma básica do processo civil brasileiro
pautar-se-á pelos princípios e valores constitucionais é afirmar uma
obviedade. Poderia o legislador assegurar que o processo civil brasileiro
não observaria os valores e princípios constitucionais.

Ver-se-á, aqui, ou ao menos tentar-se-á demonstrar que o retórico,
barroco e gongórico texto introdutório do "novo" CPC e os desdobramentos dele decorrentes não tiveram o condão de aprimorá-lo em cotejo
com o código de 1973. Não tornaram o processo civil mais justo, célere
e instrumento eficaz de pacificação social.

O "novo" código nasceu obsoleto, necessitando ganhar
dinamismo, precisando ser expurgado de tantos preceitos repetitivos
e pouco instrumentais. A forma como foi redigido e tramitou no
Congresso Nacional, pautado e inspirado em uma gama exagerada de
processualistas resultou nesse texto hipertrofiado, retórico e pouco eficiente.

3.10 Renove-se que, no "Novo CPC", como muitos o denominam,
faltou, também, uma orientação científica mais uniforme, como a ocorrida
com o texto anterior, fruto da agregação obtida pelo processualista
Alfredo Buzaid. Embora criticado por algumas correntes ideológicas
mais progressistas, não se pode negar que o CPC de 1973 tinha mais
coerência em seu conjunto, demonstrando uma linha de pensamento
e de ver a ciência processual. A leitura do texto evidencia tratar-se de
uma colcha de retalhos com prevalências circunstanciais de opinião.

Esse texto que ora se desenvolve, ressalte-se, é elaborado a partir de uma breve construção histórica, com aligeiradas incursões em sistemas jurídicos que nos inspiraram e\ou que nos influenciam, mas aqui não se pretende apresentar um trabalho de história do Direito, ou de Direito Comparado, mas tentar, com humildade, contribuir para o aprimoramento do Direito Processual Civil brasileiro, tentando desconstruir inclusive a ideia de alheamento acadêmico. De não ver a academia com aquela visão que Posner realçou recentemente, de algo que segue por trilha afastada na prática, da aplicação do Direito pelas Cortes.

CAPÍTULO IV

BREVES REFERÊNCIAS ACERCA DA EVOLUÇÃO DO DIREITO PROCESSUAL CIVIL BRASILEIRO

4.1 O Direito Processual Civil brasileiro sofreu sensíveis alterações com a edição do Novo Código de Processo Civil. Seguiu-se com ele uma tradição brasileira de substituição periódica de textos relevantes codificados por novos, ao invés de se ter uma política legislativa de progressivas, paulatinas e sucessivas alterações.

Esse modelo é bem presente na disciplina jurídica brasileira. Onde poucos dos principais textos (com exceções como o Código Comercial, só revogado pelo atual Código Civil) persistiram por muitas décadas. Tende-se mais a criar novos textos que a reformular textos mesmo consolidados por vasta jurisprudência.

Tal se verificou, em várias ocasiões, podendo-se exemplificar com a Lei de Falências e Concordatas, substituída pela vigente Lei de Falências e Recuperação (judicial e extrajudicial), tal ocorreu com o Código Civil de 1916, relevante obra, também objeto de praticamente integral supressão pelo atual Código Civil que, inclusive, englobou a matéria comercial, ou empresarial, antes disciplinada pelo velho código comercial do Império. Tal aconteceu até com as Constituições brasileiras, inclusive, quando da redemocratização pós-período autoritário encerrado em 1985\86.

Observe-se que, em países como a Argentina, no ocaso da última das periódicas ditaduras, optou-se, sempre, pela supressão dos dispositivos considerados expressão do autoritarismo. A Carta Magna argentina em vigor é a mesma original de 1853, com inúmeras alterações e aperfeiçoamentos.

Tantos exemplos poderiam aqui ser elencados. Enquanto a Argentina mantém a Constituição original, objeto de periódicas alterações, inclusive a de 1994, que suprimiu as normas autoritárias do regime ditatorial, o Brasil editou a "constituição cidadã", bombástica, retórica e pouco efetiva, sobretudo no tocante à concretização de direitos sociais.

4.2 Já o Brasil, por outro lado, historicamente, tem tradição de abruptas (ao menos formalmente) supressões e revogações. Em vários países com a superação dos regimes autoritários revogaram-se os dispositivos constitucionais restritivos de direitos, preservando as Cartas vigentes,[53] opção menos traumática e capaz de aproveitar parcelas não maculadas dos textos preexistentes.

No campo mais específico do Processo Civil, o universo dessa pesquisa e o embasamento teórico deste trabalho, tal é bem presente, com as substituições ocorridas, o CPC de 1939 pelo de 1973 e desse último pelo vigente.

Limitar-se-á o presente esforço de pesquisa, sobretudo, ao período republicano, pós-formação do Direito Processual federalizado. Não é demais recordar que no período imperial o Brasil pautou-se pelo regime da dualidade de jurisdição, com forte influência do modelo francês.

A estruturação do Judiciário em algumas normatizações do Império, como a Lei nº 261, de 03.12.1841, regulamentada pelo Decreto nº 143, de 1842, texto que alicerçou a parte cível da atuação dos órgãos judicantes naquele período, lembrando a coexistência da Justiça Administrativa, então inspirada no modelo francês.

4.3 Por outro lado, quando da implantação da República, passou o sistema processual a ser todo jurisdicional, com a supressão da Justiça Administrativa pela unicidade, mas com a existência de regramento processual federal (Decreto nº 848, de 11 de outubro de 1890) e de uma estrutura de Justiça Federal:

> Art. 1º A Justiça Federal será exercida por um Supremo Tribunal Federal e por juízes inferiores intitulados – Juízes de Secção.

---

[53] A CONSTITUCIÓN DE LA NACIÓN ARGENTINA é o texto de 1853 (Lei nº 24.430), com as reformas dos anos 1860, 1866, 1898, 1957 y 1994 (esta última supressiva dos "entulhos autoritários", como vulgarmente intituladas as normas restritivas e tolhedoras de direitos e liberdades), diferentemente do caso brasileiro, onde se elaborou uma carta repleta de princípios, muitos até hoje sem grande efetividade, como a proteção efetiva do meio ambiente e o respeito aos direitos trabalhistas, inclusive, aqueles decorrentes da normatização da OIT.

4.4 Por sua vez, cada Estado tinha sua estrutura judiciária e sua normatização processual própria. Ou, pelo menos, cada Estado deveria criar seu regramento processual próprio, como exemplo, no caso do Rio de Janeiro, então Distrito Federal, tal seria o *Decreto nº 16.752, de 31 de dezembro de 1924*; em Pernambuco, tal só viria a ser editado como Código de Processo Civil e Commercial em 1926 (vide GUSMÃO, Helvécio de. *Direito Judiciário civil*. Rio de Janeiro: Livraria Jacyntho, 1932, p. 37 e seguintes).

Veja-se que foram necessárias décadas para a implantação dos Códigos de Processo Civil estaduais.

Tal modelo era fortemente inspirado no dos EUA, onde ainda hoje coexistem o sistema normativo processual de cada Estado Membro, para as lides perante seus tribunais, e o regramento processual federal, para as lides perante os juízos e tribunais federais.

> *Civil procedure in the United States* consists of the rules of civil procedure that govern procedure in the federal courts, the 50 state court systems, and in the territorial courts. Civil procedures are distinct from criminal procedures in the US. Like much of American law, civil procedure is not reserved to the federal government in its Constitution. As a result, each state is free to operate its own system of civil procedure independent of her sister states and the federal court system.

Esse modelo norte-americano, apenas esboçado na primeira república, persistiria no Brasil apenas até a primeira fase do período Vargas, antes da formação do denominado "Estado Novo".

4.5 A Constituição de 1934 não traria modificações gerais nas regras processuais, com exceção do surgimento do relevante instrumento de controle que é o mandado de segurança.

Saliente-se, entretanto, que o art. 11, do ADCT daquela Carta Constitucional, determinava a nomeação de comissão para elaboração de um anteprojeto de Código de Processo civil único para todo o país.[54]

---

[54] CF de 1934:
Art. 11 - O Governo, uma vez promulgada esta Constituição, nomeará uma comissão de três juristas, sendo dois ministros da Corte Suprema e um advogado, para, ouvidas as Congregações das Faculdades de Direito, as Cortes de Apelações dos Estados e os Institutos de Advogados, organizar dentro em três meses um projeto de Código de Processo Civil e Comercial; e outra para elaborar um projeto de Código de Processo Penal.
§1º - O Poder Legislativo deverá, uma vez apresentados esses projetos, discuti-los e votá-los imediatamente.
§2º - Enquanto não forem decretados esses Códigos, continuarão em vigor, nos respectivos territórios, os dos Estados.

4.6 Já com a consolidação da Ditadura Vargas e o golpe que resultaria na Constituição outorgada de 1937, mudanças relevantes surgiriam. Ela viria a trazer enormes alterações na sociedade brasileira, inclusive no campo judicial, dentre elas, com a extinção em 1937 da Justiça Federal e, por outro lado, com a previsão de uma competência exclusiva da União federal, em relação à legislação processual civil. Estabeleceu aquela Carta outorgada:

> Art. 16 Compete privativamente à União o poder de legislar sobre as seguintes matérias:
> I - os limites dos Estados entre si, os do Distrito Federal e os do território nacional com as nações limítrofes;
> II - a defesa externa, compreendidas a polícia e a segurança das fronteiras;
> III - a naturalização, a entrada no território nacional e salda desse território, a imigração e emigração, os passaportes, a expulsão de estrangeiros do território e proibição de permanência ou de estada no mesmo, a extradição;
> IV - a produção e o comércio de armas, munições e explosivos;
> V - o bem-estar, a ordem, a tranquilidade e a segurança públicas, quando o exigir a necessidade de unia regulamentação uniforme;
> VI - as finanças federais, as questões de moeda, de crédito, de, bolsa e de banco;
> VII - comércio exterior e interestadual, câmbio e transferência de valores para fora do País;
> VIII - os monopólios ou estandardização de indústrias;
> IX - os pesos e medidas, os modelos, o título e a garantia dos metais preciosos;
> X - correios, telégrafos e radiocomunicação;
> XI - as comunicações e os transportes por via férrea, via d'água, via aérea ou estradas de rodagem, desde que tenham caráter internacional ou interestadual;
> XII - a navegação de cabotagem, só permitida esta, quanto a mercadorias, aos navios nacionais;
> XIII - alfândegas e entrepostos; a polícia marítima, a portuária e a das vias fluviais;
> XIV - os bens do domínio federal, minas, metalurgia, energia hidráulica, águas, florestas, caça e pesca e sua exploração;
> XV - a unificação e estandardização dos estabelecimentos e instalações elétricas, bem como as medidas de segurança a serem adotadas nas indústrias de produção de energia elétrica, o regime das linhas para correntes de alta tensão, quando as mesmas transponham os limites de um Estado;

XVI - o direito civil, o direito comercial, o direito aéreo, o direito operário, o direito penal e o *direito processual*;

XVII - o regime de seguros e sua fiscalização;

XVIII - o regime dos teatros e cinematógrafos;

XIX - as cooperativas e instituições destinadas a recolher e a garantir a economia popular;

XX - direito de autor; imprensa; direito de associação, de reunião, de ir e vir; as questões de estado civil, inclusive o registro civil e as mudanças de nome;

XXI - os privilégios de invento, assim como a proteção dos modelos, marcas e outras designações de mercadorias;

XXII - divisão judiciária do Distrito Federal e dos Territórios;

XXIII - matéria eleitoral da União, dos Estados e dos Municípios;

XXIV - diretrizes de educação nacional;

XXV - anistia;

XXVI - organização, instrução, justiça e garantia das forças policiais dos Estados e sua utilização como reserva do Exército;

XXVII - normas fundamentais da defesa e proteção da saúde, especialmente da saúde da criança.

4.7 Observou-se, claramente, uma sensível concentração de poderes na União Federal, com a possibilidade de exercício de atividade "legislativa" pelo Presidente da República através de atos com força de lei, inclusive, com o "recesso" do Congresso Nacional, como previsto no citado texto constitucional:

> Art. 13 O Presidente da República, nos períodos de recesso do Parlamento ou de dissolução da Câmara dos Deputados, poderá, se o exigirem as necessidades do Estado, expedir *decretos-leis* sobre as matérias de competência legislativa da União,[55] excetuadas as seguintes:

---

[55] Nota: Ressalte-se que no tocante ao controle de constitucionalidade, a Carta de 1937, pela conjugação de dois dispositivos, permitiu que o Presidente da República afastasse reconhecimentos de inconstitucionalidade objeto de declaração pelo STF. Foram eles; o dispositivo que permitia ao Congresso Nacional por quórum de EC afastar o reconhecimento e o dispositivo que permitia ao Presidente da República exercer os poderes do Congresso Nacional durante os recessos parlamentares (o que ocorreu até a redemocratização em 1945) – merecendo consulta sobre o tema FERREIRA, Waldemar Martins. *História do Direito Constitucional Brasileiro*. 2. ed. São Paulo: Gen/Forense, 2019. Na obra, o autor, deputado federal à época, cita dois acórdãos do STF cujos efeitos foram suspensos por força de atos de Getúlio Vargas, invocando os preceitos combinados da CF/37:
Art. 13 O Presidente da República, nos períodos de recesso do Parlamento ou de dissolução da Câmara dos Deputados, poderá, se o exigirem as necessidades do Estado, expedir decretos-leis sobre as matérias de competência legislativa da União, excetuadas as seguintes:
a) modificações à Constituição;
b) legislação eleitoral;

a) modificações à Constituição;
b) legislação eleitoral;
c) orçamento;
d) impostos;
e) instituição de monopólios;
f) moeda;
g) empréstimos públicos;
h) alienação e oneração de bens imóveis da União.

Parágrafo único – Os decretos-leis para serem expedidos dependem de parecer do Conselho da Economia Nacional, nas matérias da sua competência consultiva.

4.8 A matéria processual civil enquadrava-se no universo daquelas passíveis de tratamento por meio de decreto-lei.

Com base nesse permissivo, viria a ser editado o Código de Processo Civil de 1939 (*Decreto-lei nº 1.608, de 18 de setembro de 1939*), na época enaltecido por muitos, sobretudo por alguns aspectos, dentre eles, a unidade do regime processual brasileiro.

O texto foi obra de um projeto elaborado pelo jurista Pedro Batista Martins, daí resultando o texto aprovado por Francisco Campos (ministro da justiça) e chancelado por Getúlio Vargas.

O texto foi destacado como inovador, nas palavras, dentre outros, de José Frederico Marques.

Saíamos, enfim, embora não totalmente, do sistema processual que havíamos herdado do direito lusitano, libertando-nos das arcaicas formas procedimentais do processo comum ou romano-canônico.[56]

Tal fato é relevante quando se tece um comparativo com regimes como o presente nos Estados Unidos da América,[57] com regramentos

---

c) orçamento;
d) impostos;
e) instituição de monopólios;
f) moeda;
g) empréstimos públicos;
h) alienação e oneração de bens imóveis da União.
Art. 96 No caso de ser declarada a inconstitucionalidade de uma lei que, a juízo do Presidente da República, seja necessária ao bem-estar do povo, à promoção ou defesa de interesse nacional de alta monta, poderá o Presidente da República submetê-la novamente ao exame do Parlamento: se este a confirmar por dois terços de votos em cada uma das Câmaras, ficará sem efeito a decisão do Tribunal (*Revogado pela Lei Constitucional nº 18, de 1945*) (BRASIL, 1937).

[56] MARQUES, José Frederico. *Manual de Direito Processual civil*, vol. I (Teoria Geral do Processo Civil). São Paulo: Saraiva, 1974, p. 53.

[57] No caso dos EUA, a Justiça Federal rege-se por normas legais federais distintas das pertinentes aos Estados, elaboradas por cada um deles.

processuais específicos para cada Estado membro, por legislação própria, e outro no âmbito dos juízos e tribunais federais, tal como acontecia no Brasil da 1ª República. Autores como João Monteiro, Amaro Cavalcanti e Meira e Sá afirmavam:

> admitido o princípio da unidade do direito privado, não era justificável o sistema da diversidade do processo. Não tinha assento na boa teoria e era, verificadamente prejudicial, na prática do direito.

4.9 No mesmo sentido eram as lições de Aurelino Leal, Bento de Faria, dentre tantos outros.

De Plácido e Silva, destacava em comentário àquele Código, editado no início da década de quarenta:

> A unidade processual garantirá agora a formação de um só pensamento jurídico, desde que a diversidade de julgados, estribados, simplesmente em interesses locais, em orientações que se chocavam com a jurisprudência formada dentro do princípio legal, não mais poderia medrar, máxime diante da faculdade de insistir o interessado na harmonia de uma jurisprudência dentro do território nacional, consoante a regra instituída para a interposição dos recursos de revista e extraordinário, que implantarão o regime integral dessa salutar e ponderável uniformidade jurisprudencial.[58]

4.10 Merece consulta sobre a evolução histórica do processo civil brasileiro e sua estruturação com o Código de 1939 a obra de José Frederico Marques (ilustre processualista na área cível e criminal), intitulada *Instituições de Direito Processual Civil* (vol. I. 1. ed. Rio de Janeiro: Forense, 1958, p.122 e seguintes). Destaca e elenca aquele jurista a produção doutrinária de grandes nomes, inclusive dos recifenses Mário Guimarães de Souza, Torquato Castro e Pedro Palmeira.

Não se pode olvidar, neste contexto, uma das mais notáveis obras de Pontes de Miranda, que foram os *Comentários ao Código de Processo*

Ressalte-se, todavia, que no sistema jurídico norte americano não há dualidade de jurisdição como no exemplo clássico francês; ou no modelo de dualidade de jurisdição dentro do Judiciário como presentes em países como Alemanha, Espanha, Portugal e Itália (este com um complicador adicional que é a utilização da distinção entre direito subjetivo e interesse legalmente protegido como elemento fixador de jurisdição, mesmo estando no polo da relação ente da Administração Pública. Em se tratando de direito subjetivo, ali, a jurisdição será sempre a ordinária).

[58] PLÁCIDO E SILVA. *Comentários ao Código de Processo Civil*. 2. ed. Curitiba: Guaíba, 1941, p. 18.

Civil, publicados pela Forense – RJ, em várias edições, das quais ressalto a 2ª edição de 1958.

No tomo I daqueles comentários excepcionais (prólogos em 1947e 1958), o notável jurista destaca a evolução do processo, desde as origens lusitanas e influências sofridas; ressalta o típico papel do processo então alheio aos conflitos coletivos e á proteção dos direitos transindividuais, figuras que só se consolidariam bem posteriormente. Lecionava:

> O fim do processo é aplicar a regra jurídica ao caso concreto. Preexiste ao processo, a regra jurídica que incidindo, dá ao interessado a pretensão à tutela jurídica. O Estado cumpre o que é o seu dever de tutela jurídica, decidindo, mas cumpre-o mal ou menos bem: se aplica como incidiu, ou diferentemente, é o ato dele que corresponde à incidência, porem a prestação jurisdicional foi entregue. Se não cumpriu como prometera, infringe dever moral.[59]

Nessa obra, em seus volumes, tentou o autor apontar caminhos para que os objetivos do processo fosses mais efetivamente alcançados. Quanto ao texto de 1939,[60] apesar de ser evoluído para a época, e ser uma adequada ferramenta, seus aplicadores não conseguiram aplicá-lo, com eficiência.

Fatores vários contribuíram para o desenvolvimento insuficiente da atuação estatal na solução dos conflitos, não só de natureza procedimental, mas também de natureza estrutural, como a precária estrutura dos órgãos judiciais, em quase todos os Estados da Federação.[61] Tal fato se observou não só na esfera cível como na penal, com um enorme retardo no exercício da atividade sancionadora do Estado brasileiro.

---

[59] PONTES DE MIRANDA, Francisco. *Comentários ao Código de Processo Civil*, tomo I. 2. ed. Rio de Janeiro: Forense, 1958, p. XV.

[60] Nota: o Código de Processo Civil de 1939 (aprovado pelo Decreto-Lei nº 1.608, de 18.09.1939), apesar de editado em plena Ditadura Vargas, foi um texto bem elaborado, fruto de trabalho de especialistas, inspirado em doutrinadores como Giuseppe Chiovenda, com uma concepção bastante evoluída à época, preocupando-se com aspectos cruciais do processo, como: a função e os poderes do Juiz, a produção e apreciação de provas, as formas de ação, sistematização dos recursos, nulidades, sendo concebido tendo como ponto de partida o anteprojeto (de 04.02.1939) de autoria de Pedro Batista Martins, sendo o primeiro Código de Processo Civil unificado no Brasil, após o início do período republicano e a federalização da competência legislativa estabelecida na Carta de 1937.

[61] Já a Justiça federal seria "recriada" por etapas. Com a Constituição de 1946 surgiria o Tribunal Federal de Recursos, já a Justiça Federal de 1º Grau teria seu restabelecimento previsto no Ato Institucional nº 02, imposto pelo regime pós-1964, e criada pela Lei nº 5.010 de 1966. Essa primeira composição da Justiça Federal não seria precedida de concurso público, sendo os juízes nomeados pelo Presidente da República.

Foi, por outro lado, um período rico em doutrinadores de escol, voltado entretanto para teorias expostas por autores estrangeiros, com forte influência italiana, sem reflexão sequer sobre a ineficiência "prática" do sistema processual daquele país, reconhecidamente, ainda hoje, um dos piores da Europa.

4.11 Passados cerca de vinte e cinco anos da entrada em vigor do Código de Processo Civil de 1939, começaram as novas discussões acerca da necessidade de edição de um novo Código de Processo Civil, que no entender de seus defensores representaria um grande avanço na aplicação do Direito Processual Civil brasileiro.

Os trabalhos de preparação do novo texto levaram alguns anos, foram, ainda, fortemente influenciados pelo modelo italiano e pela influência daquela "escola", sobretudo, frente a autores como Alfredo Buzaid, grande catalizador, por conhecimentos teóricos e também pela proximidade com os detentores de poder, em época de regime bastante autoritário da vida nacional, o que reduzia o nível de discussões.

Assim surgiu o Código de Processo Civil de 1973, que teria longevidade pouco maior que o Código de Processo Civil de 1939.

O CPC de 1973 (Lei nº 5.869, de 11 de janeiro de 1973), cujos traços são apresentados pelo coordenador dos trabalhos, o prof. Alfredo Buzaid, bem sintetizados, na exposição de motivos, a cuja consulta se remete o leitor.

4.12 Foi uma obra tecnicamente rica, aperfeiçoou a caracterização dos atos processuais, dividindo-os sistematicamente em despachos, decisões, sentenças; estruturou o sistema recursal; deu autonomia ao processo cautelar etc.

O texto, sem dúvida brilhante, enaltecido por tantos, criticados por poucos, viria, com o passar dos anos, a mostrar-se insuficiente para atender às necessidades da sociedade, havendo várias tentativas de reforma de seu texto, em pontos específicos, ao longo dos anos, sem, entretanto, serem observados adequados critérios científicos. Foram recrutados alguns processualistas de escol, que a partir de suas visões apresentaram propostas, sem noção das repercussões no contexto nacional. Alguns exemplos desses malogros podem ser apontados, como: a) As sucessivas normatizações acerca do agravo de instrumento. As questões decorrentes da ineficiência do sistema de embargos infringentes; b) As dificuldades no tocante aos processos cautelares, mormente a partir da modificação legislativa que autonomizou a figura da antecipação de tutela; etc.

4.13 Construiu-se um novo CPC, de modo um tanto açodado, sem ter uma linha firme e uniforme sob o aspecto teórico, o que se explica pela falta de uma condução impositiva de um modelo, como foi o caso do "Código Buzaid", tal fato levou a um texto produto de muitas "mãos" com um resultado muito inspirado na constitucionalização retórica do texto, sem a preocupação mais efetiva de traçar caminhos mais objetivos para os principais problemas do processo brasileiro passíveis de solução, tais como procedimentos mais ágeis, redução do "tempo do processo" e efetividade nas execuções, além de fomento às soluções extrajudiciais, como as arbitragens, desde que estruturadas de modo a assegurar igualdade entre as partes, mesmo quando uma delas for economicamente mais frágil.[62]

Destaque-se que o novo CPC *expressamente dispõe*:

> O processo civil será ordenado, disciplinado e interpretado conforme os *valores e as normas fundamentais* estabelecidos na *Constituição da República Federativa do Brasil*.

4.14 Como já referido, esse introito do CPC é absolutamente desnecessário uma vez que outro caminho não poderia seguir. Tal se observa a partir de uma simples indagação: seria possível entender que as normas do novo código poderiam ser estabelecidas ou interpretadas em desconformidade com a Constituição Federal? A resposta evidentemente seria negativa. Invocaria, aqui, lição de Scarpinella Bueno, quando afirma:

> Por mais paradoxal que possa parecer, é inequivocamente inócuo o art. 1º do CPC de 2015 quando prescreve que: o processo civil será ordenado, disciplinado e interpretado conforme os valores e as normas fundamentais estabelecidos pela Constituição da República Federativa do Brasil, observando-se as disposições deste código. Inócuo porque, em estreita harmonia com o que vim de escrever, não há escolha entre o direito processual civil ser ou não ordenado, disciplinado e interpretado de acordo com a Constituição. Ele será – sempre compreendido como deverá ser no sentido prescritivo da expressão – *ordenado, disciplinado e interpretado* de acordo com a Constituição, queiramos, ou não. É esta uma das formas de ver o que Konrad Hesse chama *força normativa da Constituição*.[63]

---

[62] Nota: observe-se que, enquanto em relação aos conflitos, divergências entre grandes atores, públicos ou privados, o caminho da *arbitragem* se oportuniza, em relação aos litígios envolvendo consumidores tal via se apresenta obstaculizada ante os percalços financeiros, o que poderia ser resolvido pela criação de estruturas de apoio, inclusive estatais; ou pela criação de *seguros para as relações de consumo*, dentre outras hipóteses.

[63] SCARPINELLA BUENO, Cássio. *Manual de direito processual civil*. 4. ed. São Paulo: Saraiva, 2018, p. 48.

CAPÍTULO V

EXEMPLIFICAÇÕES DE EQUÍVOCOS DO NOVO CÓDIGO DE PROCESSO CIVIL

5.1 Algumas disposições demonstram a desconstrução processual no Novo CPC e a sua não contribuição para a solução do problema temporal e da efetividade do processo apesar do grande esforço argumentativo de seus defensores.

Inspirações louváveis estiveram por trás das sugestões de muitos processualistas, muitos sonhos românticos, parte substancial deles, sem concretude. Em outros tópicos, verdadeiros *lobbies*, inclusive visando evitar redução de mercado de advocacia, com as inovações que possibilitam ganhos de tempo e efetividade no processo civil.[64] Não

---

[64] Nota: O número de bacharéis em Direito no Brasil é, sem dúvida, excessivo. Só de bacharéis em Direito com registro na Ordem dos Advogados do Brasil alcançou-se em agosto de 2019 a quantia de 1.156.067 profissionais. Tal número é espantoso. Incompatível com o mercado de trabalho disponível e composto em sua grande maioria por profissionais de baixa qualificação e baixa remuneração. Em julho de 2019, alcançou-se, por outro lado, a marca de 1.670 faculdades de Direito. Isto em um país em desenvolvimento. Para fins de mera comparação, observe-se que em todo o Japão, no final de 2018, havia 40.066 advogados, número esse considerado suficiente para o atendimento às necessidades da área jurídica pública e privada daquele desenvolvido país (nbakki.hatenablog.com). Já nos Estados Unidos tem-se um conjunto de advogados ativos relativamente grande: 1.338.678, dos quais os maiores quantitativos concentrados em alguns Estados membros que, se autônomos fossem, estariam entre as maiores economias do mundo: New York 177.035 \ Califórnia 170.044 \ Texas 90.485 \ Flórida 78.244 (abajournal.com em May, 3, 2018). Não se pode olvidar, entretanto, que o PIB dos EUA é de cerca de 19,39 trilhões de dólares, com uma população de cerca de 327 milhões de pessoas, enquanto no Brasil o PIB de 2019 foi de R$ 7,3 trilhões (ou USD 1,7 trilhão), ou seja, cerca de 9,0% do PIB norte-americano, com uma população estimada em 209 milhões de pessoas. Ou seja, menos de 10% do PIB dos EUA e 2/3 da população. O quantitativo de advogados é excessivo e tal sem dúvida representa um grupo de pressão contra a simplificação processual e a redução do número de demandas. Por outro lado, não se pode desprezar os efeitos da automação, outro sensível redutor de postos de trabalho no mundo jurídico. Esses fatores contribuem, sem dúvida, no mundo fático, para reduzir o interesse da categoria de advogados por grandes simplificações processuais, das quais resultaria uma enorme perda de mercado de trabalho.

se pretende aqui tecer críticas ao louvável intuito de aperfeiçoamento do modelo processual brasileiro, mas de demonstrar que o caminho foi equivocado.

Melhor seria um grande esforço de aperfeiçoamento das técnicas processuais para que os conflitos sejam evitados e quando não evitáveis que fossem solucionados com celeridade e eficiência, reduzindo o gravíssimo nível de "conflituosidade" da sociedade brasileira.

Dispositivos foram inseridos, de outra banda, que alongaram temporariamente os processos, com grave prejuízo ao princípio da "razoável duração do processo", não se tendo, em verdade, no exame do Novo CPC uma tendência de redução temporal dos procedimentos, o que se verifica com a análise de algo bem mais real que a mera argumentação, que são os dados estatísticos bem organizados nas publicações denominadas *Justiça em Números*.[65]

5.2 Poder-se-ia fazer uma análise inicial desse princípio inserido pela Emenda Constitucional nº 45 (Emenda da Reforma do Judiciário) e, de logo, antecipe-se que o mesmo explicitado não representou *qualquer* ganho específico na celeridade do processo.

As estatísticas do CNJ mostram a inexistência de qualquer incremento fruto dessa previsão na dinâmica dos processos. Raros são os casos em que o Judiciário entende a morosidade como fundamento para eventual reparação. Nessa linha excepcional, seguem alguns trechos de acórdãos sobre essa matéria:

STJ - RESP 383776/AM:
RESPONSABILIDADE CIVIL. RECURSO ESPECIAL. RAZOÁVEL DURAÇÃO DO PROCESSO. LESÃO. DESPACHO DE CITAÇÃO. DEMORA DE DOIS ANOS E SEIS MESES. INSUFICIÊNCIA DOS RECURSOS HUMANOS E MATERIAIS DO PODER JUDICIÁRIO. NÃO ISENÇÃO DA RESPONSABILIDADE ESTATAL. CONDENAÇÕES DO ESTADO BRASILEIRO NA CORTE INTERAMERICANA DE DIREITOS HUMANOS. AÇÃO DE INDENIZAÇÃO POR DANOS MORAIS. RESPONSABILIDADE CIVIL DO ESTADO CARACTERIZADA. 1. Trata-se de ação de execução de alimentos, que por sua natureza já exige maior celeridade, esta inclusive assegurada no art. 1º, c/c o art. 13 da Lei n. 5.478/1965. Logo, mostra-se excessiva e desarrazoada a demora de dois anos e seis meses para se proferir um mero despacho citatório. O ato, que é dever do magistrado pela obediência ao princípio

---

[65] JUSTIÇA EM NÚMEROS, publicado a cada ano pelo Conselho Nacional de Justiça, possibilitando uma efetiva comparação entre os exercícios, antes e depois da edição do CPC de 2015.

do impulso oficial, não se reveste de grande complexidade, muito pelo contrário, é ato quase que mecânico, o que enfraquece os argumentos utilizados para amenizar a sua postergação. 2. O Código de Processo Civil de 1973, no art. 133, I (aplicável ao caso concreto, com norma que foi reproduzida no art. 143, I, do CPC/2015), e a Lei Complementar n. 35/1979 (Lei Orgânica da Magistratura Nacional), no art. 49, I, prescrevem que o magistrado responderá por perdas e danos quando, no exercício de suas funções, proceder com dolo ou fraude. A demora na entrega da prestação jurisdicional, assim, caracteriza uma falha que pode gerar responsabilização do Estado, mas não diretamente do magistrado atuante na causa. 3. A administração pública está obrigada a garantir a tutela jurisdicional em tempo razoável, ainda quando a dilação se deva a carências estruturais do Poder Judiciário, pois não é possível restringir o alcance e o conteúdo deste direito, dado o lugar que a reta e eficaz prestação da tutela jurisdicional ocupa em uma sociedade democrática. A insuficiência dos meios disponíveis ou o imenso volume de trabalho que pesa sobre determinados órgãos judiciais isenta os juízes de *responsabilização pessoal pelos atrasos, mas não priva os cidadãos de reagir diante de tal demora, nem permite considerá-la inexistente. 4. A responsabilidade do Estado pela lesão à razoável duração do processo não é matéria unicamente constitucional, decorrendo, no caso concreto, não apenas dos arts. 5º, LXXVIII, e 37, §6º, da Constituição Federal, mas também do art. 186 do Código Civil, bem como dos arts. 125, II, 133, II e parágrafo único, 189, II, 262 do Código de Processo Civil de 1973 (vigente e aplicável à época dos fatos), dos arts. 35, II e III, 49, II, e parágrafo único, da Lei Orgânica da Magistratura Nacional, e, por fim, dos arts. 1º e 13 da Lei n. 5.478/1965. 5. Não é mais aceitável hodiernamente pela comunidade internacional, portanto, que se negue ao jurisdicionado a tramitação do processo em tempo razoável, e também se omita o Poder Judiciário em conceder indenizações pela lesão a esse direito previsto na Constituição e nas leis brasileiras. As seguidas condenações do Brasil perante a Corte Interamericana de Direitos Humanos por esse motivo impõem que se tome uma atitude também no âmbito interno, daí a importância de este Superior Tribunal de Justiça posicionar-se sobre o tema. 6. Recurso especial ao qual se dá provimento para restabelecer a sentença.*

5.3 No mesmo sentido já se posicionou aquela Corte em relação a outras modalidades de processos judiciais e também em relação a procedimentos administrativos ficais, considerando que o princípio também tem aplicação aos processos administrativos. Nesse sentido, p. e, o RESP 1138206/RS, julgado pela 1ª Seção daquela Corte em 9.8.2010: Por outro lado, em inúmeros outros casos, a jurisprudência tem sido de "atenuação desse princípio", tanto no STF como no STJ. Exemplifique-se, com o Agravo em Recurso Especial nº 1587987, de

19.12.2019. Encontram-se, ainda, inúmeros outros acórdãos "mitigando" esse princípio através de técnica de ponderação, tanto na área do processo civil como do processo penal, "atenuando" e ponderando esse princípio frente a outras relevantes normas constantes da Carta Magna:

> Observe-se: Embargos de declaração em HC nº 87724
> Ementa:
> DIREITO PROCESSUAL PENAL. HABEAS CORPUS. EMBARGOS. REEXAME DE MATÉRIA JÁ APRECIADA. INEXISTÊNCIA DE AMBIGUIDADE, OMISSÃO OU CONTRADIÇÃO. ALEGAÇÃO DE EXCESSO DE PRAZO. REJEIÇÃO. 1. Da leitura do voto condutor do acórdão ora embargado, verifica-se que o ora embargante apenas busca renovar a discussão de questões já devidamente apreciadas por esta Turma. 2. Registro que há elementos nos autos da ação penal de origem que evidenciam a complexidade do processo, com pluralidade de réus (além do paciente), defensores e testemunhas. 3. A razoável duração do processo (CF, art. 5º, LXXVIII), logicamente, deve ser harmonizada com outros princípios e valores constitucionalmente adotados no Direito brasileiro, não podendo ser considerada de maneira isolada e descontextualizada do caso relacionado à lide penal que se instaurou a partir da prática dos ilícitos. 4. Inexistência de qualquer omissão ou ambiguidade a ser reparada. 5. Embargos rejeitados.
> No mesmo sentido, o HC nº 92.848 (STF), da relatoria de ELLEN GRACIE:
> Ementa
> DIREITO PROCESSUAL PENAL. PRISÃO PREVENTIVA. PRESSU-POSTOS E CONDIÇÕES. ART. 312, CPP. RAZOÁVEL DURAÇÃO DO PROCESSO DENEGAÇÃO.
> 1. Quantidade e complexidade de fatos graves com quase vinte e cinco réus.
> 2. Indicação de possível existência de organização criminosa integrada pelos pacientes, a revelar a presença da necessidade da prisão preventiva como garantia da ordem pública.
> 3. Denúncia embasada nas investigações realizadas pelo Departamento de Polícia Civil acerca da prática de vários crimes perpetrados por quadrilhas armadas, nas rodovias do Paraná, relacionados a roubos de cargas e caminhões oriundos das regiões norte e centro-oeste, cujo destino era o Paraguai. Houve sequestro de motoristas de tais veículos.
> 4. Fundamentação idônea à manutenção da prisão processual dos pacientes.
> 5. Garantia da ordem pública representada pelo imperativo de se impedir a reiteração das práticas criminosas e na necessidade de se assegurar a credibilidade das instituições públicas quanto à visibilidade e transparência de políticas públicas de persecução criminal.

6. Necessidade de garantir a aplicação da lei penal e a conveniência da instrução criminal também são pressupostos presentes no decreto de prisão preventiva dos pacientes, eis que várias condutas narradas na denúncia foram perpetradas de modo reiterado - inclusive sequestrando motoristas de vários caminhões interceptados pela organização criminosa -, além do que o destino das cargas era o Paraguai, país para onde os pacientes poderiam seguramente se evadir para não se submeterem a eventual condenação à pena corporal.

7. Inaplicabilidade do art. 580, do CPP, eis que para que ocorra a extensão de decisão de revogação do decreto de prisão preventiva, faz-se necessária a presença dos mesmos aspectos de ordem objetiva e de ordem subjetiva referentes à pessoa beneficiada com a revogação da prisão cautelar.

8. Razoável duração do processo (CF, art. 5º, LXXVIII) e sua harmonização com outros princípios e valores constitucionalmente adotados no Direito brasileiro. 9. Ordem denegada.

5.4 Na prática, o que se constata em relação a esse princípio é vir sendo limitado à repressão de excessos de prazos e às medidas de procrastinação, mas cuja efetividade não se alcançará com meras declarações de princípios.

A razoável duração do processo depende basicamente da simplificação dos procedimentos, da agilização das comunicações processuais, reforçando os prazos comuns, da supressão das *remessas de ofício*, da simplificação das execuções, da redução das hipóteses de precatórios judiciais, com ampliação das hipóteses de RPV.

Além disso, necessário se faz um reforço na utilização de inteligência artificial, capaz de devidamente programada, sobretudo através de sistemas de algoritmos, como já vem sendo objeto de experiência no leste europeu. Pode parecer estranho, mas os sistemas de computação, alimentados por inúmeros precedentes e variáveis, podem dar soluções adequadas, mormente nas questões de menor complexidade.

5.5 A esse ponto vale uma referência à necessidade de aperfeiçoamento processual para utilização com maior ênfase da inteligência artificial, afinal 95% das questões levadas ao Judiciário são mais simples que os jogos de xadrez, tendo como parceiros computadores modernos. A assertiva pode parecer desarrazoada, mas não o é. Quantos e quantos processos referentes à matéria previdenciária, sobretudo em matérias de juizados especiais, são resolvidos do seguinte modo: *inicial repetitiva – resposta padrão (já depositada na Vara de Juizado – Sentença pré-pronta acostada...)*. Casos como esses poderiam ser aperfeiçoados para evitar que a tramitação judicial seja mero instrumento de postergação de direito.

Destaque-se que a razoável duração do processo não se alcança com meras declarações de intenções. Mister a implantação de medidas, de alterações, propiciando um incremento na redução temporal dos processos, sem prejuízo da observância dos demais princípios constitucionais e legais do processo.

5.6 Essa tarefa só pode ocorrer com a utilização de identificação dos "pontos de estrangulamento" e de soluções inclusive com reformulação de técnicas utilizadas pelo NCPC, que em verdade poderia e deveria estar centrado na visão de processo digital, ao contrário do que efetivamente aconteceu – muito mais, um mecanismo de mera digitalização de processos físicos, sem mudança de concepção. Poder-se-ia aqui lembrar algumas modificações possíveis:

a) Prazos recursais comuns, considerando os seguintes aspectos: alegações recursais o são sobre os atos recorridos (p. ex. as sentenças) e não sobre o opinativo da outra parte acerca desses atos. Recentemente, o STF, ao decidir em matéria de processo penal sobre ordem de apresentação de alegações finais, deu uma demonstração de um anacronismo intolerável.[66] *São barreiras humanas conservadoras mais difíceis de modificar que meras alterações legislativas;*

b) Cronograma procedimental elaborado previamente e com ciência às partes ao ingressarem na relação processual (de modo similar ao que ocorre com procedimentos arbitrais);

c) Restauração dos prazos em dias e não apenas nos dias úteis;

---

[66] O STF recentemente decidiu (HC nº166373, julgado em 02.10.2020), por maioria, tendo como relator para o acórdão o Ministro Alexandre de Moraes, tendo como vencidos os ministros Edson Fachin, Roberto Barroso, Cármen Lúcia, Luiz Fux e Marco Aurélio (6x5), que nos processos criminais o acusado delator se manifesta após as alegações finais, ante o argumento que tal representaria a observância do *princípio do contraditório.* Ter-se-iam as alegações do acusado delator e na sequência as do acusado "refratário". É de se destacar que tal conclusão, para alguns, defendida (e acolhida) por razões tipicamente metajurídica, não tem amparo na legislação, nem na própria Constituição, afinal, a *contrariedade deve-se dar em relação ao conjunto probatório.* No caso, a argumentação funcionou como a colocação em pé do "ovo de Colombo", servindo, tão somente, para com ela se obter nulidades de atos em instâncias inferiores, com maior retardo nos processos. Nesse *leading case* determinou-se o retorno dos autos à 1ª Instância para: que as alegações finais observassem a seguinte ordem: *"primeiro a acusação, depois o delator e, por fim, o delatado" (o processo em março de 2020 ainda se encontrava com o relator para lavratura de Acórdão, apesar de, como se tratava de HC, a ordem já ter sido cumprida).* Ou seja, o processo reiniciará as alegações seguindo essa ordem, depois ao TRF. Para implantar a ideia, plenamente compatível com os processos digitais, de vista comum, bastaria que se programasse o sistema para manter a reserva das alegações até a conclusão do prazo comum, com isso ter-se-ia um enorme ganho temporal, pois no mundo fático o período de tempo com razões do recorrente + conclusão ao Juiz + despacho + intimação do recorrido + despacho de admissibilidade + publicação e encaminhamento, em tribunais de maior dimensão fática, não é de dias, mas de muitos meses, consulte-se, como exemplo, as tramitações recursais em tribunais como o Tribunal Regional Federal da 1ª Região ou o Tribunal de Justiça de São Paulo.

d) Possibilidade de instrução processual extrajudicial, quando a matéria não envolver hipossuficientes;

e) Custas processuais progressivas e *efetiva* aplicação de multa por litigância de má-fé (inclusive expedientes de procrastinação), considerando que os juízes, regra geral, têm parcimônia na aplicação dessas sanções;

f) Aplicação de *astreintes* em relação aos responsáveis pela pessoa jurídica, descumpridora de decisões e não apenas àquelas (incluindo entes públicos);

g) Elevação do teto das requisições de pequeno valor;

h) Possibilidade de criação de "cédulas de crédito judicial", como se exporá adiante.

5.7 Relacionado com o princípio da razoável duração do processo e com o princípio da lealdade processual surge o princípio da cooperação.

Tal princípio, em verdade, decorre de princípios implícitos, acerca da boa-fé objetiva e subjetiva. Seria desnecessária até sua formalização. Mais relevante seria a mudança de cultura do profissional da advocacia. No Brasil, o que se tem, em verdade, é uma cultura de *litígio*, que em linha de tempo hipotética poderia ser assim expressa, de forma simplista:

1 – INICIAL

2 – RESPOSTA DO RÉU CONTESTAÇÃO (COM O MAIOR NÚMERO DE PRELIMINARES POSSÍVEIS)

3 – RÉPLICA

4 – DISCUSSÃO SOBRE A PROVA

5 – EVENTUAIS AGRAVO(S) COM PEDIDO DE EFEITO SUSPENSIVO

6 – ALEGAÇÕES FINAIS

7 – SENTENÇA

8 – APELAÇÃO (COM EFEITO SUSPENSIVO)

9 – JULGAMENTO

10 – TENTATIVA DE RESP e R.E. (com pretensão de efeito suspensivo) e RECURSO SE NÃO ADMITIDOS...

11 – DECISÕES DE RELATORES NOS TRIBUNAIS SUPERIORES E/OU RECURSOS ADMITIDOS\JULGAMENTO\EMBARGOS DE DECLA-RAÇÃO... (oito anos se passaram)... e mais oito para o cumprimento de sentença.

5.8 Evidentemente, ainda, caberiam pedidos de suspensão de efeitos e, na fase de cumprimento de sentença, tantos outros incidentes e recursos. Não se pode olvidar que a fase de cumprimento de sentença, no Brasil, de acordo com as estatísticas do CNJ, tem longevidade bem maior que a fase de conhecimento.

CAPÍTULO VI

"ALGUMAS ILHAS DE EFICIÊNCIA" NA PROTEÇÃO DE DIREITOS, REPRESENTATIVAS DA DESIGUALDADE DA SOCIEDADE BRASILEIRA

6.1 Necessária a essa altura uma reflexão acerca das "ilhas de relativa eficiência" existentes como mecanismos de solução de conflitos no Brasil e a razão desse fato e, sobretudo, qual a relação disso com a estrutura da sociedade brasileira. Em verdade, antecipe-se a conclusão no sentido de que tais oásis existentes em árido deserto que são os litígios existentes na sociedade brasileira explicam-se pelo poder de pressão e a capacidade de organização dos segmentos envolvidos.

O legislador brasileiro, por razões não explícitas, mas de fácil dedução, tem reiteradamente editado normas que poupam ou minoram os efeitos de eventuais lides para alguns segmentos da sociedade brasileira, regra geral, não sendo "destinatária" a sofrida base da sociedade.

De logo se ressalte que, em contrapartida, poder-se-ia afirmar que os Juizados Especiais representam um instrumento de acesso ao Judiciário. Tal assertiva deve ser afastada,[67] os juizados representaram um avanço, atualmente encontram-se com elevada taxa de congestionamento, pois se constata que em muitos casos o excesso de demanda

---

[67] Atualmente existem 1.494 juizados especiais autônomos no Brasil, além de 2.700 varas que funcionam com juizado especial adjunto, computadas nesse número as varas de juízo único (localidades em que uma vara lida com todas as demandas de determinado segmento da Justiça). Criados com o intuito de promover um rito processual mais célere e de facilitar o acesso à justiça, hoje a demanda dos juizados já corresponde a 35% da demanda de primeiro grau, de acordo com dados do *Relatório Justiça em Números*, disponível em: https://www.cnj.jus.br/cnj-lanca-pesquisa-nacional-sobre-juizados-especiais, acesso em: 26 abr. 2020.

leva a uma "lentificação" dos procedimentos que não se distancia muito da chamada "justiça comum". Além disso, a estrutura possibilita recursos e um alongamento excessivo da vida dos processos. Por outro lado os Juizados Especiais necessitam ser melhor aparelhados e não considerados como algo de menor relevo no conjunto do Judiciário por tratar de questões de menor valor econômico.

Várias normas esparsas em relação a outros segmentos têm possibilitado meios de "execução", ou de satisfação de pretensões, ou, pelo menos, posicionamentos em processos concursais, bem mais vantajosos que a regra geral, no penoso sistema processual brasileiro.

Seguem alguns exemplos que demonstram os direitos e interesses dos segmentos mais influentes da sociedade brasileira, como o setor financeiro.

6.2 Inicia-se a breve exposição pela figura da *alienação fiduciária em garantia*[68] prevista inicialmente na Lei nº 4.728, de 14.07.1964, objeto

---

[68] DECRETO-LEI Nº 911, DE 1º DE OUTUBRO DE 1969: Altera a redação do art. 66, da Lei nº 4.728, de 14 de julho de 1965, estabelece normas de processo sôbre alienação fiduciária e dá outras providências.

OS MINISTROS DA MARINHA DE GUERRA, DO EXÉRCITO E DA AERONÁUTICA MILITAR, usando das atribuições que lhes confere o artigo 1º do Ato Institucional nº 12, de 31 de agôsto de 1969, combinado com o §1º do artigo 2º do Ato Institucional nº 5, de 13 de dezembro de 1968, DECRETAM:

Art. 1º O artigo 66, da Lei nº 4.728, de 14 de julho de 1965, passa a ter a seguinte redação: (Vide Lei nº 10.931, de 2004).

Art. 66. A alienação fiduciária em garantia transfere ao credor o domínio resolúvel e a posse indireta da coisa móvel alienada, independentemente da tradição efetiva do bem, tornando-se o alienante ou devedor em possuidor direto e depositário com todas as responsabilidades e encargos que lhe incumbem de acordo com a lei civil e penal.

§1º A alienação fiduciária somente se prova por escrito e seu instrumento, público ou particular, qualquer que seja o seu valor, será obrigatoriamente arquivado, por cópia ou microfilme, no Registro de Títulos e Documentos do domicílio do credor, sob pena de não valer contra terceiros, e conterá, além de outros dados, os seguintes:

a) o total da divida ou sua estimativa;

b) o local e a data do pagamento;

c) a taxa de juros, os comissões cuja cobrança for permitida e, eventualmente, a cláusula penal e a estipulação de correção monetária, com indicação dos índices aplicáveis;

d) a descrição do bem objeto da alienação fiduciária e os elementos indispensáveis à sua identificação.

§2º Se, na data do instrumento de alienação fiduciária, o devedor ainda não fôr proprietário da coisa objeto do contrato, o domínio fiduciário desta se transferirá ao credor no momento da aquisição da propriedade pelo devedor, independentemente de qualquer formalidade posterior.

§3º Se a coisa alienada em garantia não se identifica por números, marcas e sinais indicados no instrumento de alienação fiduciária, cabe ao proprietário fiduciário o ônus da prova, contra terceiros, da identidade dos bens do seu domínio que se encontram em poder do devedor.

§4º No caso de inadimplemento da obrigação garantida, o proprietário fiduciário pode vender a coisa a terceiros e aplicar preço da venda no pagamento do seu crédito e das

CAPÍTULO VI

"ALGUMAS ILHAS DE EFICIÊNCIA" NA PROTEÇÃO DE DIREITOS, REPRESENTATIVAS DA DESIGUALDADE...

despesas decorrentes da cobrança, entregando ao devedor o saldo porventura apurado, se houver.

§5º Se o preço da venda da coisa não bastar para pagar o crédito do proprietário fiduciário e despesas, na forma do parágrafo anterior, o devedor continuará pessoalmente obrigado a pagar o saldo devedor apurado.

§6º É nula a cláusula que autoriza o proprietário fiduciário a ficar com a coisa alienada em garantia, se a dívida não fôr paga no seu vencimento.

§7º Aplica-se à alienação fiduciária em garantia o disposto nos artigos 758, 762, 763 e 802 do Código Civil, no que couber.

§8º O devedor que alienar, ou der em garantia a terceiros, coisa que já alienara fiduciàriamente em garantia, ficará sujeito à pena prevista no art. 171, §2º, inciso I, do Código Penal.

§9º Não se aplica à alienação fiduciária o disposto no artigo 1279 do Código Civil.

§10 A alienação fiduciária em garantia do veículo automotor deverá, para fins probatórios, constar do certificado de Registro, a que se refere o artigo 52 do Código Nacional de Trânsito.

Art. 2º No caso de inadimplemento ou mora nas obrigações contratuais garantidas mediante alienação fiduciária, o proprietário fiduciário ou credor poderá vender a coisa a terceiros, independentemente de leilão, hasta pública, avaliação prévia ou qualquer outra medida judicial ou extrajudicial, salvo disposição expressa em contrário prevista no contrato, devendo aplicar o preço da venda no pagamento de seu crédito e das despesas decorrentes e entregar ao devedor o saldo apurado, se houver, com a devida prestação de contas. (Redação dada pela Lei nº 13.043, de 2014)

§1º O crédito a que se refere o presente artigo abrange o principal, juros e comissões, além das taxas, cláusula penal e correção monetária, quando expressamente convencionados pelas partes.

§2º A mora decorrerá do simples vencimento do prazo para pagamento e poderá ser comprovada por carta registrada com aviso de recebimento, não se exigindo que a assinatura constante do referido aviso seja a do próprio destinatário. (Redação dada pela Lei nº 13.043, de 2014)

§3º A mora e o inadimplemento de obrigações contratuais garantidas por alienação fiduciária, ou a ocorrência legal ou convencional de algum dos casos de antecipação de vencimento da dívida facultarão ao credor considerar, de pleno direito, vencidas tôdas as obrigações contratuais, independentemente de aviso ou notificação judicial ou extrajudicial.

§4º Os procedimentos previstos no caput e no seu §2º aplicam-se às operações de arrendamento mercantil previstas na forma da Lei nº 6.099, de 12 de setembro de 1974. (Incluído pela Lei nº 13.043, de 2014)

Art. 3º O proprietário fiduciário ou credor poderá, desde que comprovada a mora, na forma estabelecida pelo §2º do art. 2º, ou o inadimplemento, requerer contra o devedor ou terceiro a busca e apreensão do bem alienado fiduciariamente, a qual será concedida liminarmente, podendo ser apreciada em plantão judiciário. (Redação dada pela Lei nº 13.043, de 2014)

§1º Cinco dias após executada a liminar mencionada no *caput*, consolidar-se-ão a propriedade e a posse plena e exclusiva do bem no patrimônio do credor fiduciário, cabendo às repartições competentes, quando for o caso, expedir novo certificado de registro de propriedade em nome do credor, ou de terceiro por ele indicado, livre do ônus da propriedade fiduciária. (Redação dada pela Lei nº 10.931, de 2004)

§2º No prazo do §1º, o devedor fiduciante poderá pagar a integralidade da dívida pendente, segundo os valores apresentados pelo credor fiduciário na inicial, hipótese na qual o bem lhe será restituído livre do ônus. (Redação dada pela Lei nº 10.931, de 2004)

§3º O devedor fiduciante apresentará resposta no prazo de quinze dias da execução da liminar. (Redação dada pela Lei nº 10.931, de 2004)

§4º A resposta poderá ser apresentada ainda que o devedor tenha se utilizado da faculdade do §2º, caso entenda ter havido pagamento a maior e desejar restituição. (Redação dada pela Lei nº 10.931, de 2004)

§5º Da sentença cabe apelação apenas no efeito devolutivo. (Redação dada pela Lei nº 10.931, de 2004)

§6º Na sentença que decretar a improcedência da ação de busca e apreensão, o juiz condenará o credor fiduciário ao pagamento de multa, em favor do devedor fiduciante, equivalente a cinquenta por cento do valor originalmente financiado, devidamente atualizado, caso o bem já tenha sido alienado. (Redação dada pela Lei nº 10.931, de 2004)

§7º A multa mencionada no §6º não exclui a responsabilidade do credor fiduciário por perdas e danos. (Incluído pela Lei nº 10.931, de 2004)

§8º A busca e apreensão prevista no presente artigo constitui processo autônomo e independente de qualquer procedimento posterior. (Incluído pela Lei 10.931, de 2004)

§9º Ao decretar a busca e apreensão de veículo, o juiz, caso tenha acesso à base de dados do Registro Nacional de Veículos Automotores – RENAVAM, inserirá diretamente a restrição judicial na base de dados do Renavam, bem como retirará tal restrição após a apreensão. (Incluído pela Lei nº 13.043, de 2014)

§10 Caso o juiz não tenha acesso à base de dados prevista no §9º, deverá oficiar ao departamento de trânsito competente para que: (Incluído pela Lei nº 13.043, de 2014)

I - registre o gravame referente à decretação da busca e apreensão do veículo; e (Incluído pela Lei nº 13.043, de 2014)

II - retire o gravame após a apreensão do veículo. (Incluído pela Lei nº 13.043, de 2014)

§11 O juiz também determinará a inserção do mandado a que se refere o §9º em banco próprio de mandados. (Incluído pela Lei nº 13.043, de 2014)

§12 A parte interessada poderá requerer diretamente ao juízo da comarca onde foi localizado o veículo com vistas à sua apreensão, sempre que o bem estiver em comarca distinta daquela da tramitação da ação, bastando que em tal requerimento conste a cópia da petição inicial da ação e, quando for o caso, a cópia do despacho que concedeu a busca e apreensão do veículo. (Incluído pela Lei nº 13.043, de 2014)

§13 A apreensão do veículo será imediatamente comunicada ao juízo, que intimará a instituição financeira para retirar o veículo do local depositado no prazo máximo de 48 (quarenta e oito) horas. (Incluído pela Lei nº 13.043, de 2014)

§14 O devedor, por ocasião do cumprimento do mandado de busca e apreensão, deverá entregar o bem e seus respectivos documentos. (Incluído pela Lei nº 13.043, de 2014)

§15 As disposições deste artigo aplicam-se no caso de reintegração de posse de veículos referente às operações de arrendamento mercantil previstas na Lei nº 6.099, de 12 de setembro de 1974. (Incluído pela Lei nº 13.043, de 2014)

Art. 4º Se o bem alienado fiduciariamente não for encontrado ou não se achar na posse do devedor, fica facultado ao credor requerer, nos mesmos autos, a conversão do pedido de busca e apreensão em ação executiva, na forma prevista no Capítulo II do Livro II da Lei nº 5.869, de 11 de janeiro de 1973 – Código de Processo Civil. (Redação dada pela Lei nº 13.043, de 2014)

Art. 5º Se o credor preferir recorrer à ação executiva, direta ou a convertida na forma do art. 4º, ou, se for o caso ao executivo fiscal, serão penhorados, a critério do autor da ação, bens do devedor quantos bastem para assegurar a execução. (Redação dada pela Lei nº 13.043, de 2014)

Parágrafo único. Não se aplica à alienação fiduciária o disposto nos incisos VI e VIII do Art. 649 do Código de Processo Civil. (Redação dada pela Lei nº 6.071, de 1974)

Art. 6º O avalista, fiador ou terceiro interessado que pagar a dívida do alienante ou devedor, se sub-rogará, de pleno direito no crédito e na garantia constituída pela alienação fiduciária.

Art. 6º-A. O pedido de recuperação judicial ou extrajudicial pelo devedor nos termos da Lei nº 11.101, de 9 de fevereiro de 2005, não impede a distribuição e a busca e apreensão do bem. (Incluído pela Lei nº 13.043, de 2014)

Art. 7º Na falência do devedor alienante, fica assegurado ao credor ou proprietário fiduciário o direito de pedir, na forma prevista na lei, a restituição do bem alienado fiduciàriamente.

Parágrafo único. Efetivada a restituição o proprietário fiduciário agirá na forma prevista neste Decreto-lei.

Art. 7º-A. Não será aceito bloqueio judicial de bens constituídos por alienação fiduciária nos termos deste Decreto-Lei, sendo que, qualquer discussão sobre concursos de preferências de regramento mais específico pelo Decreto-Lei nº 911, em 01.10.1969, esse editado com base nos atos institucionais de nºs 05 e 12, porque em assim o sendo não estaria sujeito a controle judicial. Não se olvide a lamentável previsão neles inserida:

A.I 5:
Art. 11 - Excluem-se de qualquer apreciação judicial todos os atos praticados de acordo com este Ato institucional e seus Atos Complementares, bem como os respectivos efeitos, restrição essa "tolerada" pelo STF.[69]

Indubitavelmente, os atos institucionais foram os atos jurídicos mais representativos do regime autoritário existente no Brasil entre 1964 e 1985. Colocavam-se acima da Constituição de 1967 em sua redação original e, com a Emenda nº 01 de 1969, vedavam expressamente o controle judicial, ou de qualquer outra natureza, sobre as normas nele inseridas e até mesmo as expedidas, tendo-as como fundamento de validade, expressão inarredável de um regime ditatorial.

6.3 Esse texto "assegurou" maior presteza e efetividade aos financiamentos de bens criando a ficção da "propriedade fiduciária"

---

deverá ser resolvida pelo valor da venda do bem, nos termos do art. 2º. (Incluído pela Lei nº 13.043, de 2014)

Art. 8º O Conselho Nacional de Trânsito, no prazo máximo de 60 dias, a contar da vigência do presente Decreto lei, expedirá normas regulamentares relativas à alienação fiduciária de veículos automotores.

Art. 8º-A. O procedimento judicial disposto neste Decreto-Lei aplica-se exclusivamente às hipóteses da Seção XIV da Lei nº 4.728, de 14 de julho de 1965, ou quando o ônus da propriedade fiduciária tiver sido constituído para fins de garantia de débito fiscal ou previdenciário. (Incluído pela Lei nº 10.931, de 2004)

Art. 9º O presente decreto-lei entrará em vigor na data de sua publicação, aplicando-se desde logo, aos processos em curso, revogadas as disposições em contrário.

Brasília, 1º de outubro de 1969; 148º Independência e 81º da República.

AUGUSTO HAMANN RADEMAKER GRUNEWALD, AURÉLIO DE LYRA TAVARES, MÁRCIO DE SOUZA E MELLO, Luís Antônio da Gama e Silva, Antônio Delfim Netto.

[69] Do ponto de vista constitucional, não havia, portanto, na prática, quaisquer limites ao Comando da Revolução, e a Constituição, lembrando a classificação ontológica de Loewenstein, era apenas semântica. A afirmação de que o poder constituinte não se exauriu, formulada no preâmbulo do AI-2, deixou clara a ideia de que a revolução tudo podia, em nome do interesse dos "verdadeiros brasileiros". A demonstração da total falta de controle dos atos da revolução é bem citada por Bonavides e Paes de Andrade (1991, p. 432), quando destacam que: "Entre 1965 e 1966 o Presidente Castello Branco baixou nada menos que três atos institucionais, 36 complementares, 312 decretos-leis e 3.746 atos punitivos. Pairava sobre tudo a chamada cláusula da excludência, isto é, o dispositivo que eliminava do exame até mesmo do Judiciário e, portanto, de qualquer outra autoridade, determinados atos do poder revolucionário". Juridicamente, os Atos Institucionais valiam mais do que a Constituição, podiam tratar de qualquer matéria e não sofriam qualquer controle, (BEDE JR., Américo. *Constitucionalismo sob a ditadura militar de 64 a 85, in:* https://www12.senado.leg.br/ril/edicoes/50/197, acesso em: mar. 2013.

e possibilitando durante longo período que dessa ficção surgisse a possibilidade de *verdadeira prisão civil por débito, mascarada de* "apropriação indébita". As instituições financeiras passaram a ter um relevante instrumento de coerção, o não pagamento poderia possibilitar a busca e apreensão, pois o bem seria, como ainda o é, de sua propriedade, sendo o adquirente mero possuidor direto até o final pagamento das prestações.

Só muitos anos depois da entrada em vigor da CF/88, o STF firmou posição repressiva do abuso dessa configuração, utilizando-se como argumento maior o respeito ao Pacto de São José da Costa Rica.[70]

A revisão de posicionamento retirou a coerção da prisão como instrumento para constranger o devedor ao pagamento, mas não alterou a figura da propriedade fiduciária, que possibilitaria ao credor uma grande facilidade na (*re*)tomada do bem objeto da garantia. A sílaba *re* encontra-se entre parênteses porque tem-se a tomada do que faticamente nunca pertenceu à instituição financeira. Deve-se reconhecer, de outra banda, que o instituto dando maior garantia ao credor possibilita um maior volume de vendas e financiamentos de bens, como automóveis, caminhões, ônibus, maquinas, dentre outros.

Sobre esse instituto, merece consulta a clássica obra de Moreira Alves,[71] bem como o trabalho pioneiro de Orlando Gomes.[72]

O STF, tolhido pelo aumento de composição, posterior aposentadoria de membros e ausência de garantias como a vitaliciedade, nunca se insurgiu quanto às restrições impostas pelos atos institucionais.

6.4 Mesmo com a retirada da criminalização de conduta, a facilitação dos meios de execução e a consolidação de propriedade em favor do credor, de busca e apreensão, estimularam relevante alteração legislativa, pela Lei nº 9.514,[73] que introduziu a figura em relação a

---

[70] Nesse sentido:
"O Supremo Tribunal, no julgamento do RE 349.703/RS, Relator para o acórdão Min. Gilmar Mendes, reconheceu o caráter de supralegalidade da Convenção Americana sobre Direitos Humanos – Pacto de São José da Costa Rica, sendo que a previsão do art. 7º, 7, de ser admitida apenas a prisão civil do devedor de alimentos, tornando inaplicável a legislação infraconstitucional, anterior ou posterior ao referido Tratado, que determine a prisão do depositário infiel. No mesmo julgamento, firmou-se o entendimento de que a equiparação do devedor-fiduciante ao devedor infiel para fins de prisão civil configuraria afronta ao princípio da proporcionalidade".

[71] MOREIRA ALVES, José Carlos. *Da alienação fiduciária em garantia*. 3. ed. Rio de Janeiro: Forense, 1987.

[72] GOMES, Orlando. *Alienação fiduciária em garantia*. São Paulo: RT, 1971.

[73] Lei nº 9.514, de 20.11.97:
...

bens imóveis. Essa modalidade de instrumento de garantia vem sendo usual em relação aos financiamentos de imóveis, possibilitando a "consolidação da propriedade" pelo credor fiduciário, extrajudicialmente, junto aos registros imobiliários, mecanismo muito mais rápido e eficaz que eventuais execuções perante o Poder Judiciário.

Ressalte-se que a alienação dos bem móveis viria a ser incorporada ao Código Civil de 2002, arts.1361 a 1368-B.[74]

Art. 22. A alienação fiduciária regulada por esta Lei é o negócio jurídico pelo qual o devedor, ou fiduciante, com o escopo de garantia, contrata a transferência ao credor, ou fiduciário, da propriedade resolúvel de coisa imóvel. *Parágrafo único.* A alienação fiduciária poderá ser contratada por pessoa física ou jurídica, podendo ter como objeto imóvel concluído ou em construção, não sendo privativa das entidades que operam no SFI. Art. 23. Constitui-se a propriedade fiduciária de coisa imóvel mediante registro, no competente Registro de Imóveis, do contrato que lhe serve de título. *Parágrafo único.* Com a constituição da propriedade fiduciária, dá-se o desdobramento da posse, tornando-se o fiduciante possuidor direto e o fiduciário possuidor indireto da coisa imóvel. Art. 26, a consolidação da propriedade em seu nome. Art. 31. O fiador ou terceiro interessado que pagar a dívida ficará sub-rogado, de pleno direito, no crédito e na propriedade fiduciária. Art. 32. Na hipótese de insolvência do fiduciante, fica assegurada ao fiduciário a restituição do imóvel alienado fiduciariamente, na forma da legislação pertinente. Art. 33. Aplicam-se à propriedade fiduciária, no que couber, as disposições dos arts. 647 e 648 do Código Civil.

[74] Art. 1.361. Considera-se fiduciária a propriedade resolúvel de coisa móvel infungível que o devedor, com escopo de garantia, transfere ao credor.
§1º Constitui-se a propriedade fiduciária com o registro do contrato, celebrado por instrumento público ou particular, que lhe serve de título, no Registro de Títulos e Documentos do domicílio do devedor, ou, em se tratando de veículos, na repartição competente para o licenciamento, fazendo-se a anotação no certificado de registro.
§2º Com a constituição da propriedade fiduciária, dá-se o desdobramento da posse, tornando-se o devedor possuidor direto da coisa.
§3º A propriedade superveniente, adquirida pelo devedor, torna eficaz, desde o arquivamento, a transferência da propriedade fiduciária.
Art. 1.362. O contrato, que serve de título à propriedade fiduciária, conterá:
I - o total da dívida, ou sua estimativa;
II - o prazo, ou a época do pagamento;
III - a taxa de juros, se houver;
IV - a descrição da coisa objeto da transferência, com os elementos indispensáveis à sua identificação.
Art. 1.363. Antes de vencida a dívida, o devedor, a suas expensas e risco, pode usar a coisa segundo sua destinação, sendo obrigado, como depositário:
I - a empregar na guarda da coisa a diligência exigida por sua natureza;
II - a entregá-la ao credor, se a dívida não for paga no vencimento.
Art. 1.364. Vencida a dívida, e não paga, fica o credor obrigado a vender, judicial ou extrajudicialmente, a coisa a terceiros, a aplicar o preço no pagamento de seu crédito e das despesas de cobrança, e a entregar o saldo, se houver, ao devedor.
Art. 1.365. É nula a cláusula que autoriza o proprietário fiduciário a ficar com a coisa alienada em garantia, se a dívida não for paga no vencimento.
Parágrafo único. O devedor pode, com a anuência do credor, dar seu direito eventual à coisa em pagamento da dívida, após o vencimento desta.
Art. 1.366. Quando, vendida a coisa, o produto não bastar para o pagamento da dívida e das despesas de cobrança, continuará o devedor obrigado pelo restante.

6.5 Tais alterações legislativas possibilitaram que financiamentos pudessem ter os bens objeto da operação de crédito, como garantia real especial, com a temporária e resolúvel transferência da propriedade para o credor, possibilitando em decorrência as execuções extrajudiciais mais céleres em relação a esses direitos amparados pela garantia da alienação fiduciária, que se espraiaria, inclusive, em relação a financiamentos garantidos com cédulas como as de crédito bancário, crédito agrícola, dentre outras.

No ordenamento jurídico pátrio existem hoje diversas espécies de cédulas regidas por normas distintas, mas com núcleo bastante semelhante. Logo, enquanto não houver a consolidação destas legislações, o que seria recomendável, o operador de Direito deve estar preparado, conhecendo todas elas e suas minúcias.

As principais normas especiais que tratam das cédulas de crédito são as seguintes:

1. Cédula Rural Pignoratícia (CRP) – Decreto-lei nº 167/1967;

2. Cédula Rural Hipotecária (CRH) – Decreto-lei nº 167/1967;

3. Cédula Rural Pignoratícia e Hipotecária (CRPH) – Decreto-lei nº 167/1967;

4. Cédula de Crédito Industrial (CCInd.) – Decreto-lei nº 413/1969;

5. Cédula de Crédito à Exportação (CCE) – Lei nº 6.313/1975 e Decreto-lei nº 413/1969;

6. Cédula de Crédito Comercial (CCC) – Lei nº 6.840/1980 e Decreto-lei nº 413/1969;

7. Cédula de Produto Rural (CPR) – Lei nº 8.929/1994;

Art. 1.367. A propriedade fiduciária em garantia de bens móveis ou imóveis sujeita-se às disposições do Capítulo I do Título X do Livro III da Parte Especial deste Código e, no que for específico, à legislação especial pertinente, não se equiparando, para quaisquer efeitos, à propriedade plena de que trata o art. 1.231. (Redação dada pela Lei nº 13.043, de 2014)

Art. 1.368. O terceiro, interessado ou não, que pagar a dívida, se sub-rogará de pleno direito no crédito e na propriedade fiduciária.

Art. 1.368-A. As demais espécies de propriedade fiduciária ou de titularidade fiduciária submetem-se à disciplina específica das respectivas leis especiais, somente se aplicando as disposições deste Código naquilo que não for incompatível

Art. 1.368-B. A alienação fiduciária em garantia de bem móvel ou imóvel confere direito real de aquisição ao fiduciante, seu cessionário ou sucessor. (Incluído pela Lei nº 13.043, de 2014)

Parágrafo único. O credor fiduciário que se tornar proprietário pleno do bem, por efeito de realização da garantia, mediante consolidação da propriedade, adjudicação, dação ou outra forma pela qual lhe tenha sido transmitida a propriedade plena, passa a responder pelo pagamento dos tributos sobre a propriedade e a posse, taxas, despesas condominiais e quaisquer outros encargos, tributários ou não, incidentes sobre o bem objeto da garantia, a partir da data em que vier a ser imitido na posse direta do bem. (Incluído pela Lei nº 13.043, de 2014)

8. Cédula de Crédito Imobiliário (CCImob.) – Lei nº 10.931/2004;
9. Cédula de Crédito Bancário (CCB) – Lei nº 10.931/2004.[75]
6.6 Relevante destacar, como o faz Christiano Cassettari, que

> as cédulas de crédito são promessas de pagamento, com ou sem garantia real cedularmente constituída no próprio, título, dispensando documento à parte" (cujo registro) é feito no livro 3 (registro auxiliar), sendo que no caso da existência de hipoteca, ou outro direito real (*nota: como a alienação fiduciária*) tal direito deve também ser registrado na matrícula (livro nº 02-registro geral) do imóvel que está sendo dado em hipoteca (*ou alienação*), com referências recíprocas entre o registro do livro n. 3 e o do livro n. 2).[76]

6.7 O regime de financiamento com alienação fiduciária viria a possibilitar eficiente mecanismo de execução extrajudicial bastante célere, deixando as instituições financeiras credoras em situação bastante favorável no comparativo com os credores comuns.

O mecanismo de alienações fiduciárias em garantia sofreria, como destacado, expansão em situações como a emissão de cédulas como a de crédito bancário regida pela Lei nº 10.931, de 2004. Áreas essas em que a margem de risco do financiador diminui e o eventual retorno na hipótese de inadimplência torna-se mais rápido, diferentemente das execuções judiciais ordinárias.

6.8 Saliente-se, ainda, o desenvolvimento da figura da *arbitragem*, que passou a alcançar também os negócios da Administração Pública de grande valor, iniciando-se pela previsão em relação às concessões e às parcerias público-privadas e hoje podendo alcançar direitos patrimoniais disponíveis.

Essa ampliação do elenco dos litígios arbitráveis vem se dando basicamente em relação aos conflitos de grande valor. No tocante aos negócios entre particulares, tal se faz necessário pela impossibilidade, muitas vezes, de se manter o estado de incerteza por longos períodos. A inclusão dos entes da Administração Pública como possíveis polos dessas relações parece *prima facie* não se harmonizar com os velhos princípios atribuídos ao regime de Direito Público. Ora, se se aproxima o regime de solução de conflitos da administração com terceiros, em relação a grandes negócios jurídicos, com o modelo privatista, inclusive

---

[75] BURTET, Tiago Machado. *Cédulas de Crédito no Registro de Imóveis*. São Paulo: IRIB, 2016, disponível em: https://www12.senado.leg.br/ril/edicoes/50/1977.

[76] CASSETTARI, Christiano. *Registro de Imóveis II*. São Paulo: Saraiva, 2013. p. 170.

de instância única, por que persistirem as vetustas regras em relação às demais situações da Administração Pública como parte? O risco de eventuais desvios de conduta só persiste em relação aos litígios menores? A isonomia de tratamento se impõe.

No mundo fático em que se vive tem-se hodiernamente uma grande contradição. Nos embates do cotidiano, no "varejo jurídico" litiga-se face à Administração Pública em processos que se arrastam por anos a fio passando, ou tentando que se passe pelo 1º grau, por um Tribunal de Justiça (ou TRF), pelo STJ, e\ou STF. Já em questões de enorme valor, como as envolvendo PPPs federais, ou concessões de grande porte, tem-se a mais célere instância única da arbitragem.[77]

Destaque-se que em quaisquer dos contratos de parcerias público-privadas é franqueada a utilização da arbitragem, que vem sendo utilizada sempre. Nesse sentido já destacava Egon Bockmann Moreira:

> Como fica claro da leitura da Lei 11.079/2004 (a Lei das Parcerias Público-Privadas – PPPs), é facultado aos editais de licitação prever "o emprego dos mecanismos privados de resolução de disputas, inclusive a arbitragem, a ser realizada no Brasil e em língua portuguesa, nos termos da Lei nº 9.037, de 23 de setembro de 1996, para dirimir conflitos decorrentes ou relacionados ao contrato" (art. 11, inc. III). Demais disso, em março de 2015, a Lei 9.037/1996 (a Lei da Arbitragem) foi alterada para incluir, em suas disposições gerais, que "A administração pública direta e indireta poderá utilizar-se da arbitragem para dirimir conflitos relativos a direitos materiais disponíveis" (art. 1º, §1º). Essa conjugação é de extrema importância para que possamos compreender a arbitragem como cláusula indispensável nos contratos de PPPs. O interesse público

---

[77] Um dos autores desta obra, Francisco Cavalcanti, faz ponderada análise sobre a utilização da arbitragem em conflitos patrimoniais disponíveis envolvendo a Administração Pública: "a) A utilização do mecanismo de arbitragem em relação a relações jurídicas envolvendo os entes da Administração Pública, como uma evolução da adoção do modelo, de modo mais comedido quanto ao Estado Administrador, poderá representar um grande avanço ao aperfeiçoamento do controle da Administração Pública. (CARMONA, Carlos Alberto. *Arbitragem e processo*. 3. ed. São Paulo: Atlas, 2009. p. 53.) vol. 87, n. 2, jul./dez. 2015. p. 136. b) As restrições previstas na Lei nº 13.129/2015, tais como aplicação a direitos patrimoniais disponíveis e pluralidade na composição de órgãos arbitrais, são relevantes. c) O maior risco que se tem com o novo modelo diz respeito à isenção e à qualidade dos entes arbitrais. Afinal, a experiência tem mostrado estatais de controle, muitas vezes a capacidade de sedução e de captura pelo setor privado é muito forte. d) O progressivo aperfeiçoamento do sistema poderá representar a democratização da utilização da arbitragem, já presente em contratos internacionais do Estado e negócios jurídicos de grande valor como parcerias público-privadas e concessões". CAVALCANTI, Francisco. Considerações sobre a aplicação da arbitragem nos conflitos envolvendo a Administração Pública – a aplicação da Lei nº 134.129, de 26.05.2015. *In: Revista Acadêmica – UFPE*, Recife, vol. 87, n. 02.

primário está pautado legislativamente. Em suma, o legislador brasileiro definiu uma conjugação que consolida a arbitragem como o meio legítimo para a composição de conflitos em contratos administrativos – em especial, nas parcerias público-privadas.[78]

6.9 Observa-se, nitidamente, flagrante divergência acerca dessa matéria entre órgãos de controle, como o TCU, de um lado e de doutrinadores vinculados a entidades reguladas e eventualmente a agências reguladoras.[79]

Em verdade, a arbitragem traz vantagens temporais e, na práxis brasileira, benefícios para os regulados.

---

[78] BOCKMANN MOREIRA, Egon. *Arbitragem e PPPs*, disponível em: http://www.direitodoestado.com.br/colunistas/egon-bockmann-moreira/arbitragem-e-ppps, ano 2015, n. 49.

[79] Como exemplo a crítica de Maurício Portugal:
"a necessidade do TCU – Tribunal de Contas da União rever a sua posição sobre os limites de utilização da arbitragem em contratos de concessão e PPP – Parceria Público-Privada. Em decisão sem análise detida do tema3, o TCU se pronunciou pela impossibilidade de aplicação da arbitragem para solução conflitos sobre recomposição do equilíbrio econômico-financeiro em contratos administrativos, por considerar que questões econômicas e financeiras dos contratos de concessão e PPP constituem direitos indisponíveis, e que apenas as questões regulamentares poderiam ser submetidas ao juízo arbitral. Além de tecnicamente questionável e incoerente com suas próprias decisões anteriores e com entendimento do STJ – Superior Tribunal de Justiça, essa decisão do TCU é extremamente inoportuna, considerando que: a) a criação da figura do Diretor Interino das agências reguladoras (demissível *ad nutum* pelo Presidente da República) acabou com a independência política das agências, e as tornou parte do Governo, o que leva a uma percepção de maior risco regulatório, já que o órgão que deveria arbitrar os eventuais conflitos entre usuários, Governo e concessionários perdeu a imparcialidade, pois foi, dessa forma, capturado pelo Governo; b) a iniciativa privada vê na possibilidade de utilização da arbitragem para resolver os conflitos que emergem dos contratos de concessão e PPP uma compensação contra a perda da independência política das agências reguladoras; c) a garantia do equilíbrio econômico-financeiro é a principal proteção dos concessionários contra o aumento das incertezas regulatórias, de modo que não poder submeter conflitos sobre o equilíbrio econômico-financeiro dos contratos à arbitragem significa que as questões econômico-financeiras serão resolvidas ou por uma agência capturada pelo Governo ou pelo Poder Judiciário, que apesar de ser visto como imparcial, é considerado como insuficiente para prover a segurança necessária para viabilizar os investimentos, tanto pela demora no provimento de decisões definitivas quanto pela falta de especialização dos juízes, que em regra, não entendem a lógica econômica e financeira de uma concessão ou PPP. Nessas circunstâncias, a decisão do TCU contribui significativamente para percepção de aumento do risco regulatório, criando incentivos para afastamento de investidores das nossas licitações de concessão e PPP5 e aumento dos preços pagos pelos usuários e pelo Poder Concedente em contratos de concessão."
(Arbitragem, TCU e risco regulatório: se o TCU quiser contribuir para reduzir o risco regulatório precisa rever sua posição sobre arbitragem em contratos administrativos – Maurício Portugal Ribeiro, 16.12.2014).
Consulte-se, também: Análise crítica das decisões do tribunal de Contas da União acerca da utilização da arbitragem em contratos administrativos. Evolução interpretativa. De autoria de André Luis Nascimento Parada, *in: Revista de Direito* Administrativo, Rio de Janeiro, n. 271, 2016.

6.10 Recentemente o Governo Federal editou novo decreto regulamentando a legislação sobre arbitragem no âmbito da Administração Federal (Lei nº 9.307, de 23 de setembro de 1996 – art. 35, *caput*, inciso XVI; Lei nº 10.233, de 5 de junho de 2001 – art. 62, §1º; Lei nº 12.815, de 5 de junho de 2013 – art. 31, §5º; Lei nº 13.448, de 5 de junho de 2017). Cuida-se do Decreto nº 10.025, de 20 de setembro de 2019 e Lei nº 9.307, de 23 de setembro de 1996.

6.11 Constata-se que as grandes obras, os negócios jurídicos de maior porte, passam ao largo das normas do CPC. As soluções são mais céleres, regra geral de instância única: as arbitragens.

Poder-se-ia aqui citar inúmeros exemplos acerca de grandes contratos públicos, objeto de arbitragem, nas áreas objeto de concessões, parcerias público-privadas e infraestrutura em geral.[80]

Poder-se-ia, a essa altura, externar uma reflexão – se as estruturas representativas dos entes estatais são confiáveis o suficiente para que esses conflitos referentes a negócios jurídicos e direitos patrimoniais disponíveis de grande valor sejam objeto de solução em órgãos de instância única (câmaras arbitrais), a mesma regra deveria ser aplicada nas relações "de varejo" da Administração, nas quais o polo adverso tem muito menor poder de captura, de sedução e de corrupção que as pessoas jurídicas privadas de grande porte.

6.12 Observe-se outro aspecto relevante ainda na demonstração de que o sistema jurídico brasileiro tende a, em termos de solução de conflitos, colocar as instituições financeiras em situação mais vantajosa que o próprio *consumidor, os trabalhadores em geral, que os hipossuficientes*, embora sem um discurso retórico explícito, o que dispõe a vigente *Lei de Falências e Recuperações* (Lei nº 11.101, de 9 de fevereiro de 2005), que colocou os credores com garantia real (o que se aplica sobretudo às instituições financeiras) em situação extremamente vantajosa no

---

[80] Vejam-se alguns exemplos:
O CASO DAS DISPUTAS NO SEGMENTO DA DISTRIBUIÇÃO DE ENERGIA ELÉTRICA: "A Resolução Normativa 109 de 2004 instituiu o dever de que os Agentes da CCEE e da própria CCEE de resolver os litígios por meio de arbitragem bem como a adesão à Convenção Arbitral. Em seguida, a partir da aprovação do texto da convenção arbitral por meio de assembleia geral extraordinária da CCEE, a Câmara FGV de Conciliação e Arbitragem foi a escolhida para tratar os litígios entre os agentes da CCEE. Dessa forma, segundo essa Resolução Normativa, a Câmara de Arbitragem fica obrigada a instruir um processo de mediação previamente ao procedimento arbitral, adotando entretanto o modelo de cláusula escalonada. Consequentemente, caso de não cumprimento desta regra, o agente fica sujeito às penalidades, além da possibilidade de incidência de multa". Disponível em: https://www.acerislaw.com/arbitragem-no-setor-comercializacao-de-energia-eletrica-no-brasil/. Arbitragem no setor comercialização de energia elétrica no Brasil18/06/2019, by Aceris Law LLC.

comparativo com o regime da lei anterior (Decreto-Lei nº 7.661, de 21.06.1945), inclusive no tocante à Fazenda Pública e aos credores trabalhistas.[81]

---

[81] Da Classificação dos Créditos:
Lei de falências e recuperação:
Art. 83. A classificação dos créditos na falência obedece à seguinte ordem:
I - os créditos derivados da legislação do trabalho, limitados a 150 (cento e cinquenta) salários-mínimos por credor, e os decorrentes de acidentes de trabalho;
II - créditos com garantia real até o limite do valor do bem gravado;
III - créditos tributários, independentemente da sua natureza e tempo de constituição, excetuadas as multas tributárias;
IV - créditos com privilégio especial, a saber:
a) os previstos no art. 964 da Lei nº 10.406, de 10 de janeiro de 2002;
b) os assim definidos em outras leis civis e comerciais, salvo disposição contrária desta Lei;
c) aqueles a cujos titulares a lei confira o direito de retenção sobre a coisa dada em garantia;
d) aqueles em favor dos microempreendedores individuais e das microempresas e empresas de pequeno porte de que trata a Lei Complementar nº 123, de 14 de dezembro de 2006 (Incluído pela Lei Complementar nº 147, de 2014)
V - créditos com privilégio geral, a saber:
a) os previstos no art. 965 da Lei nº 10.406, de 10 de janeiro de 2002;
b) os previstos no parágrafo único do art. 67 desta Lei;
c) os assim definidos em outras leis civis e comerciais, salvo disposição contrária desta Lei;
VI - créditos quirografários, a saber:
a) aqueles não previstos nos demais incisos deste artigo;
b) os saldos dos créditos não cobertos pelo produto da alienação dos bens vinculados ao seu pagamento;
c) os saldos dos créditos derivados da legislação do trabalho que excederem o limite estabelecido no inciso I do caput deste artigo;
VII - as multas contratuais e as penas pecuniárias por infração das leis penais ou administrativas, inclusive as multas tributárias;
VIII - créditos subordinados, a saber:
a) os assim previstos em lei ou em contrato;
b) os créditos dos sócios e dos administradores sem vínculo empregatício.
§1º Para os fins do inciso II do caput deste artigo, será considerado como valor do bem objeto de garantia real a importância efetivamente arrecadada com sua venda, ou, no caso de alienação em bloco, o valor de avaliação do bem individualmente considerado.
§2º Não são oponíveis à massa os valores decorrentes de direito de sócio ao recebimento de sua parcela do capital social na liquidação da sociedade.
§3º As cláusulas penais dos contratos unilaterais não serão atendidas se as obrigações neles estipuladas se vencerem em virtude da falência.
§4º Os créditos trabalhistas cedidos a terceiros serão considerados quirografários.
Art. 84. Serão considerados créditos extraconcursais e serão pagos com precedência sobre os mencionados no art. 83 desta Lei, na ordem a seguir, os relativos a:
I - remunerações devidas ao administrador judicial e seus auxiliares, e créditos derivados da legislação do trabalho ou decorrentes de acidentes de trabalho relativos a serviços prestados após a decretação da falência;
II - quantias fornecidas à massa pelos credores;
III - despesas com arrecadação, administração, realização do ativo e distribuição do seu produto, bem como custas do processo de falência;
IV - custas judiciais relativas às ações e execuções em que a massa falida tenha sido vencida;
V - obrigações resultantes de atos jurídicos válidos praticados durante a recuperação judicial, nos termos do art. 67 desta Lei, ou após a decretação da falência, e tributos relativos a fatos

6.13 O que se conclui dessa análise é que há uma profunda desigualdade entre os instrumentos de proteção de direitos de relevantes segmentos econômicos e aqueles, embora retoricamente protecionistas, destinados a setores outros da sociedade, como, p. ex., os consumidores, os trabalhadores.

Por isso que, sem conotação depreciativa, fez-se referência que todos têm acesso ao Judiciário, com base no art. 5º da CF/88, mas o acesso à solução de conflitos tem tido tratamento diferenciado em função da capacidade dos grupos beneficiários de construírem instrumental jurídico a favorecê-los.

Seguem as exemplificações. Verifica-se que, no comparativo com a legislação anterior, basicamente o Decreto-Lei nº 7.661, de 21.06.1945, a atual legislação de falências e recuperação ampliou os benefícios para os credores com garantia real, possibilitando ainda a concorrência dos saldos com os demais quirografários, o que não era possível no regime anterior.

Em resumo, verificou-se uma sensível mudança de foco, inclusive com redução da anterior posição vantajosa do crédito trabalhista e fazendário.

O regramento atual do regime falimentar favorece grandemente o setor financeiro.

No comparativo com a antiga Lei "Trajano de Miranda Valverde"[82] verifica-se que aquela privilegiava o trabalhador e a Fazenda Pública. Já a atual, fundada em pilares mais privatistas, privilegia o setor financeiro sob o argumento da necessidade de preservar a continuidade das atividades econômicas.

6.14 Em relação a esse último segmento, os trabalhadores, observa-se, com facilidade, os efeitos das alterações introduzidas pela Lei nº 13.467, de 13.07.2017, tanto no tocante a aspectos materiais da relação trabalhista como no tocante ao acesso ao Judiciário trabalhista, alguns deles aqui referenciados a título de exemplo, e que foram responsáveis por grandes reduções no número de demandas obreiras.

Citem-se alguns exemplos:

a) A introdução da sucumbência nas demandas trabalhistas (prevista no novel art. 791-A, da CLT) tal modificação, se por um lado

---

geradores ocorridos após a decretação da falência, respeitada a ordem estabelecida no art. 83 desta Lei.

[82] Expressão utilizada por ter sido Trajano de Miranda Valverde o grande responsável pelos anteprojetos dos decretos-leis editados por Getúlio Vargas, como a "Lei de Sociedades Anônimas" e a "Lei de Falências e Concordatas".

CAPÍTULO VI

"ALGUMAS ILHAS DE EFICIÊNCIA" NA PROTEÇÃO DE DIREITOS, REPRESENTATIVAS DA DESIGUALDADE... | 93

reduziu as demandas que representavam verdadeiras "aventuras jurídicas", ou seja, demandas visando tentar recebimento de valores pecuniários além daqueles efetivamente devidos, arriscando a ocorrência de revelias, defesas mal formuladas ou julgamentos equivocados, por outro lado, representou um claro elemento inibidor à propositura de demandas, sobretudo face ao risco de ônus referentes a honorários advocatícios nos termos do novo CPC.[83]

---

[83] Essa matéria foi, inclusive, objeto de apreciação pelo STF, que chancelou a mudança: O Supremo Tribunal Federal iniciou o julgamento de ação direta de inconstitucionalidade ajuizada contra o art. 790-B, "caput" e §4º(1), o §4º do art. 791-A(2), e o §2º do art. 844(3), da Consolidação das Leis do Trabalho (CLT), introduzidos pelo art. 1º da Lei 13.467/2017, que aprovou a denominada "Reforma Trabalhista". Os dispositivos impugnados estabelecem: 1) a cobrança de honorários de advogado e de honorários periciais, em caso de sucumbência; 2) a utilização de créditos havidos em outros processos para fazer face a esses honorários; e 3) a cobrança de custas judiciais aos empregados que derem causa ao arquivamento de suas ações por não comparecimento injustificado à audiência. O ministro Roberto Barroso (relator) julgou parcialmente procedente o pedido formulado, para assentar interpretação conforme a Constituição, consubstanciada nas seguintes teses: 1) o direito à gratuidade de justiça pode ser regulado de forma a desincentivar a litigância abusiva, inclusive por meio da cobrança de custas e de honorários a seus beneficiários; 2) a cobrança de honorários sucumbenciais do hipossuficiente poderá incidir: (i) sobre verbas não alimentares, a exemplo de indenizações por danos morais, em sua integralidade; e (ii) sobre o percentual de até 30% do valor que exceder ao teto do Regime Geral de Previdência Social, mesmo quando pertinente a verbas remuneratórias; 3) é legítima a cobrança de custas judiciais, em razão da ausência do reclamante à audiência, mediante prévia intimação pessoal para que tenha a oportunidade de justificar o não comparecimento.
O relator observou, inicialmente, que a sobreutilização do Judiciário congestiona o serviço, compromete a celeridade e a qualidade da prestação jurisdicional, incentiva demandas oportunistas e prejudica a efetividade e a credibilidade das instituições judiciais, o que afeta, em última análise, o próprio Direito Constitucional de acesso à Justiça. Dessa forma, reputou constitucional, resguardados os valores alimentares e o mínimo existencial, a cobrança de honorários sucumbenciais dos beneficiários da gratuidade de justiça como mecanismo legítimo de desincentivo ao ajuizamento de demandas ou de pedidos aventureiros. Para o relator, a gratuidade continua a ser assegurada pela não cobrança antecipada de qualquer importância como condição para litigar. O pleito de parcelas indevidas ensejará, contudo, o custeio de honorários ao final, com utilização de créditos havidos no próprio feito ou em outros processos. Também entendeu ser constitucional, em respeito e consideração à Justiça e à sociedade, que a subsidia, a cobrança de custas judiciais dos beneficiários da Justiça gratuita que derem ensejo ao arquivamento do feito em razão do não comparecimento injustificado à audiência, ônus que pode ser evitado pela apresentação de justificativa para a ausência. Por fim, considerou constitucional o condicionamento da propositura de nova ação ao pagamento das custas judiciais decorrentes do arquivamento, medida adequada a promover o objetivo de acesso responsável à Justiça. Em divergência, o ministro Edson Fachin julgou integralmente procedente o pedido para declarar a inconstitucionalidade dos dispositivos combatidos, por vislumbrar ofensa aos direitos fundamentais da assistência jurídica integral e gratuita e de acesso à justiça, contidos, respectivamente, nos incisos LXXIV e XXXV do art. 5º da Constituição Federal (CF). Segundo ele, as normas estão em desacordo, ainda, com precedentes do STF e com o art. 8º da Convenção Interamericana de Direitos Humanos (Pacto de San José da Costa Rica). O ministro Fachin reconheceu, também, a relação da gratuidade da justiça e o acesso à justiça com a isonomia. Explicou que a desigualdade social gerada pelas dificuldades de acesso isonômico à educação, ao mercado de trabalho, à saúde, dentre outros direitos que têm cunho econômico, social e

b) A introdução do art. 855-A, que veio a contemplar a figura do incidente de desconsideração da personalidade.[84] Esse incidente, instaurado pelo novo CPC como instrumento para o redirecionamento de cumprimentos de sentença, é, sem dúvida, um instrumento de

---

cultural impõe seja reforçado o âmbito de proteção do direito, que garante outros direitos e garante também a isonomia. A restrição das situações em que o trabalhador terá acesso aos benefícios da gratuidade da justiça pode conter, em si, a aniquilação do único caminho que esses cidadãos dispõem para ver garantidos os seus direitos sociais trabalhistas. Asseverou que, mesmo que os interesses contrapostos sejam de assegurar maior responsabilidade e compromisso com a litigância para a defesa dos direitos sociais e trabalhistas, verifica-se, com as restrições impostas pela legislação impugnada, uma possibilidade real de se negar direitos fundamentais dos trabalhadores e de tornar inacessíveis os meios de sua reivindicação judicial. Frisou não ser consentâneo com os princípios fundamentais da Constituição o dispositivo que autoriza a utilização de créditos trabalhistas, ou de outra natureza, obtidos em virtude do ajuizamento de um processo perante o Poder Judiciário e que teria, por si só, condição de modificar a situação do reclamante. Ao impor o pagamento de despesas processuais, independentemente da perda da condição de hipossuficiência econômica, a legislação impugnada afronta o próprio direito à gratuidade da justiça e, consequentemente, do acesso. O ministro Fachin acrescentou não ser admissível impedir que o trabalhador, ainda que desidioso em outro processo trabalhista, quando comprovada a sua hipossuficiência econômica, ajuíze outra demanda sem o pagamento das custas processuais. Essa previsão também afronta o direito fundamental da gratuidade da justiça, atrelado ao direito fundamental de acesso à justiça, que não admite restrições relacionadas à conduta do trabalhador em outro processo, sob pena de esvaziamento desse seu âmbito de proteção constitucional. Após, o julgamento foi suspenso em virtude do pedido antecipado de vista do ministro Luiz Fux. (1) CLT: "Art. 790-B. A responsabilidade pelo pagamento dos honorários periciais é da parte sucumbente na pretensão objeto da perícia, ainda que beneficiária da justiça gratuita. (...) §4º. Somente no caso em que o beneficiário da justiça gratuita não tenha obtido em juízo créditos capazes de suportar a despesa referida no caput, ainda que em outro processo, a União responderá pelo encargo". (2) CLT: "Art. 791-A. (...) §4º. Vencido o beneficiário da justiça gratuita, desde que não tenha obtido em juízo, ainda que em outro processo, créditos capazes de suportar a despesa, as obrigações decorrentes de sua sucumbência ficarão sob condição suspensiva de exigibilidade e somente poderão ser executadas se, nos dois anos subsequentes ao trânsito em julgado da decisão que as certificou, o credor demonstrar que deixou de existir a situação de insuficiência de recursos que justificou a concessão de gratuidade, extinguindo-se, passado esse prazo, tais obrigações do beneficiário." (3) CLT: "Art. 844, §2º. Na hipótese de ausência do reclamante, este será condenado ao pagamento das custas calculadas na forma do art. 789 desta Consolidação, ainda que beneficiário da justiça gratuita, salvo se comprovar, no prazo de quinze dias, que a ausência ocorreu por motivo legalmente justificável." ADI 5.766/DF, rel. Min. Roberto Barroso, julgamento em 9 e 10.5.2018. (ADI-5766)

[84] CLT: "Art. 855-A. Aplica-se ao processo do trabalho o incidente de desconsideração da personalidade jurídica previsto nos arts. 133 a 137 da Lei nº 13.105, de 16 de março de 2015 – Código de Processo Civil.
§1º Da decisão interlocutória que acolher ou rejeitar o incidente:
I - na fase de cognição, não cabe recurso de imediato, na forma do §1º do art. 893 desta Consolidação;
II - na fase de execução, cabe agravo de petição, independentemente de garantia do juízo;
III - cabe agravo interno se proferida pelo relator em incidente instaurado originariamente no tribunal.
§2º A instauração do incidente suspenderá o processo, sem prejuízo de concessão da tutela de urgência de natureza cautelar de que trata o *art. 301 da Lei nº 13.105, de 16 de março de 2015 (Código de Processo Civil)*".

maior complexidade, que demanda conjunto probatório nem sempre disponível para o trabalhador, sobretudo o mais humilde, o "chão de fábrica", o trabalhador da construção civil, o trabalhador rural.

c) O enfraquecimento das estruturas sindicais, por redução de receita. Tal fenômeno, em verdade, se inicia com a Constituição de 1988, que, visando desvincular as entidades sindicais, desvinculou-as das necessárias e prévias autorizações estatais. Com isso passaram a ser criadas, com base no Código Civil de 2002, não dependendo sua existência de autorização estatal, limitando-se a participação estatal basicamente à constatação da necessidade de respeito ao princípio da unicidade sindical.[85]

---

[85] "Para melhor compreendermos o conceito desse tema, é preciso dizer, inicialmente, onde se insere a unicidade sindical no Direito Coletivo do Trabalho. Trata-se ela de um sistema de organização sindical, nas lições de Amauri Mascaro do Nascimento: "há sistemas jurídicos nos quais em uma mesma base territorial a lei permite apenas um sindicato representativo do mesmo grupo, enquanto em outros é facultada a constituição, no mesmo grupo, de mais de um sindicato" (MASCARO, 2008, p. 1137). Assim, a unicidade sindical constitui uma maneira através da qual o Estado, como sistema jurídico, impõe limites à atuação sindical, estipulando que, obedecido um certo critério – o da base territorial -, será vedada a criação de mais de um sindicato representando um mesmo grupo de categoria profissional ou patronal. Vale a pena colar a lição da própria Carta da República a esse respeito: Art. 8º É livre a associação profissional ou sindical, observado o seguinte: II - é vedada a criação de mais de uma organização sindical, em qualquer grau, representativa de categoria profissional ou econômica, na mesma base territorial, que será definida pelos trabalhadores ou empregadores interessados, não podendo ser inferior à área de um Município; Elidimos, pois, a lição final a respeito do sistema de unicidade sindical. Interpretando o dispositivo em tela, Dirley da Cunha Jr. e Marcelo Novelino (2011, p. 178) nos dizem que a liberdade de fundação de sindicato é restringida pela unicidade sindical, sendo vedada expressamente a criação de mais de uma organização sindical, em qualquer grau, representativa de categoria profissional ou econômica, na mesma base territorial, a qual não pode ser inferior à área de um município".
(Unicidade sindical: princípio ou regra para o direito brasileiro?, de Luan Luna | ; Taciana Furtado de Carvalho Sousa | ; Pablo Dimitrius Lima de Lucena. Publicado em 10/2014. Elaborado em 06/2012 (https://jus.com.br/artigos/33072/unicidade-sindical-principio-ou-regra-para-o-direito-brasileiro).
Observe-se o seguinte texto crítico sobre essa proliferação sindical:
"Em um país com as relações trabalhistas e sindicais fortemente controladas pelo Estado – reflexo da lógica de Getúlio Vargas, criador da Lei da Sindicalização (1931) e da CLT (1943) – a criação de sindicatos aumenta todos os anos. De acordo com o Ministério do Trabalho, há neste momento no Brasil um total de 16.431 sindicatos, sendo 11.257 de trabalhadores e 5.174 de empregadores, fora as confederações, federações e centrais sindicais. Esse excessivo volume de sindicatos é sustentado pela "contribuição" (imposto) sindical, recolhida obrigatoriamente pelos empregadores no mês de janeiro e pelos trabalhadores no mês de abril de cada ano. Somente em 2016, os sindicatos receberam 3,5 bilhões de reais retirados compulsoriamente de trabalhadores e empregadores. O número de sindicatos saiu tanto do controle que há casos esdrúxulos como o "Sindicato dos Empregados em Entidades Sindicais do Estado de São Paulo", o "Sindicato das Indústrias de Camisas para Homens e Roupas Brancas de Confecção e Chapéus de Senhoras do Município do Rio de Janeiro" e o "Sindicato da Indústria de Guarda Chuvas e Bengalas de São Paulo", posteriormente fechado por falta de associados. (https://folhapolitica.jusbrasil.com.br/noticias/421291308/

a) Alterações em relação à caracterização de grupos empresariais e responsabilidade de sócios retirantes foram outra modificação relevante. Introduziu-se o requisito de *interesse integrado* elemento adicional à caracterização de grupo econômico para fins trabalhistas;[86]

b) "prevalência das convenções sobre as leis." Esse é outro tópico de grande relevo que teve reconhecida repercussão geral para fins de aferição de constitucionalidade;[87]

Etc.[88]

6.15 A denominada "reforma trabalhista", conforme destacado, enfraqueceu o contexto dos direitos trabalhistas e os mecanismos processuais pertinentes às reclamações trabalhistas, o que se constata, objetivamente, pelo Relatório do Conselho Nacional de Justiça de 2019.[89]

Vários outros exemplos poderiam ser apontados em relação a esse palpável tratamento diferenciado, favorecedor, embora, camuflado, em favor dos segmentos melhor aquinhoados da sociedade, mas tal levaria ao risco de desvio do objeto do presente texto.

Destaque-se ainda a controvérsia referente à validade de norma coletiva de trabalho que limita ou reduz direitos trabalhistas, possui

---

brasil-tem-mais-de-16-mil-sindicatos-que-arrecadam-35-bilhoes-por-ano – publicação anterior à supressão da contribuição obrigatória).

Por outro lado, constatou-se a enorme queda de arrecadação das entidades sindicais. Nesse sentido observe-se, a título de exemplo a informação que segue:

Sindicatos de trabalhadores e de patrões tiveram os recursos drenados pelo fim da obrigatoriedade da contribuição sindical, como era esperado. Dados oficiais mostram que em 2018, primeiro ano cheio da reforma trabalhista, a arrecadação do imposto caiu quase 90%, de R$ 3,64 bilhões em 2017 para R$ 500 milhões no ano passado. A tendência é que o valor seja ainda menor neste ano. O efeito foi uma brutal queda dos repasses as centrais, confederações, federações e sindicatos tanto de trabalhadores como de empregadores. Muitas das entidades admitem a necessidade de terem de se reinventar para manter estruturas e prestação de serviços. Além de cortar custos com pessoal, imóveis e atividades, incluindo colônia de férias, as alternativas passam por fusões de entidades e criação de espaços de *coworking*. (https://economia.uol.com.br/noticias/estadao-conteudo/2019/03/05/sindicatos-perdem-90-da-contribuicao-sindical-no-1-ano-da-reforma-trabalhista).

[86] CAVALCANTI, Francisco. *A reforma trabalhista e a Constituição de 1988*. Belo Horizonte: Fórum, 2018, p. 18\19.

[87] Nesse sentido, ainda pendente de julgamento no STF: a controvérsia referente à validade de norma coletiva de trabalho que limita ou reduz direitos trabalhistas possui natureza constitucional e inegável relevância do ponto de vista social, econômico ou jurídico, além de transcender os interesses subjetivos da causa, já que a correta interpretação do art. 7º, XXVI, da Constituição Federal é tema recorrente nos tribunais trabalhistas brasileiros e tem gerado insegurança quanto à validade e alcance do pactuado em convenções e acordos coletivos em face das normas previstas na Consolidação das Leis Trabalhistas, à luz do citado preceito constitucional, o que dá ensejo ao reconhecimento da repercussão geral.

[88] CAVALCANTI, Francisco. *A reforma trabalhista e a Constituição de 1988*. Belo Horizonte: Fórum, 2018, p. 88.

[89] Disponível na íntegra, ou no modo resumido, no site do CNJ (www.cnj.jus.br).

natureza constitucional e inegável relevância do ponto de vista social, econômico ou jurídico, além de transcender os interesses subjetivos da causa, já que a correta interpretação do art. 7º, XXVI, da Constituição Federal é tema recorrente nos tribunais trabalhistas brasileiros e tem gerado insegurança quanto à validade e alcance do pactuado em convenções e acordos coletivos em face das normas previstas na Consolidação das Leis Trabalhistas, à luz do citado preceito constitucional, o que dá ensejo ao reconhecimento da repercussão geral.

O que se deve pontuar, neste tópico, é que o sistema criou "válvulas de escape" para situações nas quais se discute a proteção do capital, dos recursos do "rentista", clara demonstração de como a legislação espelha a desigualdade na sociedade brasileira.[90]

6.16 Em resumo, esse item visa demonstrar, com alguns exemplos, como a inexistência de uma lei geral processual civil que priorize a celeridade na solução das demandas, a aplicação do Direito com mais segurança e qualidade, mostra-se prejudicial ao cidadão brasileiro, ao homem comum do povo.

O conjunto legislativo hoje existente afeta desigualmente a sociedade brasileira, penalizando os mais carentes apesar da retórica presente.

---

[90] A *desigualdade social* aumenta há mais de cinco anos no país, segundo dados do estudo "A Escalada da Desigualdade" da FGV, divulgado recentemente:
Segundo a entidade, o resultado de 17 trimestres consecutivos de aprofundamento do abismo de condições socioeconômicas revela o período mais longo de alta na concentração de renda dos brasileiros já contabilizada. O levantamento foi elaborado a partir de dados da *Pesquisa Nacional de Amostra por Domicílio Contínua*, do IBGE, e do índice Gini – indicador que mede a diferença de renda. De acordo com estudo, na comparação mensal do índice Gini (sempre com relação ao mesmo período do ano anterior), a desigualdade social tem alta ininterrupta desde o segundo trimestre de 2015. "Nem mesmo em 1989, que constituiu o nosso pico histórico de desigualdade brasileira houve um movimento de concentração de renda por tantos períodos consecutivos", diz o estudo. O índice Gini saiu do nível 0,6003 no último trimestre de 2014, data em que a concentração de renda alcançou seu mínimo histórico no país, para 0,6291 no segundo trimestre de 2019. Quanto mais perto de 1 maior a desigualdade. (https://veja.abril.com.br/economia/desigualdade-social-no-pais-aumenta-pelo-17-trimestre-seguido-diz-fgv/).
E:
O IDH (Índice de Desenvolvimento Humano) do Brasil em 2018 teve um crescimento pífio em relação ao ano anterior e o país perdeu uma posição no *ranking* entre os 189 países e territórios analisados pelo Pnud (Programa das Nações Unidas para Desenvolvimento). O relatório mundial foi divulgado hoje. Em 2018, o IDH brasileiro foi de 0,761, contra 0,760 em 2017 – isto é, apenas 0,001 a mais do que no ano anterior. Estatisticamente, esse crescimento é considerado insignificante. Entre 2010 e 2017, por exemplo, a média de crescimento anual do IDH no Brasil foi de 0,004... Veja mais em: https://noticias.uol.com.br/internacional/ultimas-noticias/2019/12/09/com-idh-quase-estagnado-brasil-fica-em-79-lugar-em-ranking-da-onu.htm.

No quadro atual do processo civil brasileiro claramente se visualiza que as normas processuais que representam "ilhas de eficiência" são aquelas que atendem a segmentos da sociedade que não se encontram na base.

O novo CPC não contribuiu para melhorar o acesso à Justiça, nem para dinamizar os procedimentos melhorando a situação dos mais desfavorecidos.

CAPÍTULO VII

ALGUNS EQUÍVOCOS DO NOVO CÓDIGO DE PROCESSO CIVIL

7.1 Esse capítulo parte da convicção de que o modelo do novo CPC não contribuiu para o aprimoramento do processo civil brasileiro, manteve-se com uma visão academicista, retórica, distante dos grandes problemas procedimentais, estruturais e culturais que afligem o andamento dos processos e prejudicam a sua modernização.[91] Melhor teria sido a elaboração de um texto instrumental, a partir de um levantamento dos pontos de estrangulamento do sistema processual então existente e da incorporação de novas técnicas com a inserção de conhecimentos de outros ramos científicos, sobretudo da informática, como da inteligência artificial. É público e notório que os grandes problemas procedimentais concentram-se em instruções lentas, anacrônico sistema recursal, fase de cumprimento de sentença longeva possibilitando grande número de expedientes procrastinatórios pelos polos passivos, não punição adequada de atos de má-fé processual, resistência abusiva da Administração Pública ao cumprimento de sentenças contra ela proferidas.

Em um país tão desigual, as normas do novo CPC parecem não demonstrar qualquer esforço do legislador em contribuir para o acesso à Justiça, para a redução, ainda que lenta, dessa desigualdade, em que pese a "riqueza" principiológica inserida no novo Texto Processual

---

[91] Exemplo da postura equivocada é o regime diferenciado para as pessoas jurídicas de Direito Público, em um sistema processual pretensamente uno; prazos exacerbados; suspensão de prazos para os advogados em início de ano; cômputo de prazo apenas em dias úteis, são esses exemplos de encaminhamentos que seguem em direção oposta ao discurso de princípios esboçado no vestíbulo e em várias outras passagens do diploma processual. Aí bem pertinente a lembrança de Posner, na citada obra *Divergent Paths*: The Academy and the Judiciary (Harvard, 2016), que inspirou presente o trabalho.

Básico. Partindo de um enunciado, inicial, de princípios, a maioria deles é mera repetição dos enunciados constitucionais; de efetivo, concreto, pouco se construiu.

Ao contrário da concretização da meta de um Judiciário rápido e eficiente, várias modificações introduzidas pelo CPC contribuíram mais para transformar o ritmo do processo em uma velocidade de "rio de planície".[92]

Até mesmo em uma visão não procedimental, em breves referências aos agentes que contribuem para o funcionamento da "máquina judicial", pode-se em curta digressão, a título até exemplificativo, mencionar alguns fatos, em princípio elogiáveis, mas cujos projetos em implantação representam um custo maior que o benefício. Nessa linha citaria a criação de entes como as Defensorias Públicas, com a formatação concebida, utilizando como espelho o "Ministério Público". Tal tem representado o surgimento de estruturas dispendiosas ainda com baixa capilaridade concentrada em centros urbanos maiores.[93] Não que não se defenda a ampliação dessas instituições, apenas destacando-se que poderiam ser estruturas mais simples, menos preocupadas no grande

---

[92] Os "rios de planície" são lentos e coleantes, sem corredeiras, sem velocidade tal qual os processos civis no Brasil.

[93] Veja-se o texto constitucional, original e alterado:
Da Defensoria Pública
(Redação dada pela Emenda Constitucional nº 80, de 2014)
Art. 134. A Defensoria Pública é instituição permanente, essencial à função jurisdicional do Estado, incumbindo-lhe, como expressão e instrumento do regime democrático, fundamentalmente, a orientação jurídica, a promoção dos direitos humanos e a defesa, em todos os graus, judicial e extrajudicial, dos direitos individuais e coletivos, de forma integral e gratuita, aos necessitados, na forma do inciso LXXIV do art. 5º desta Constituição Federal . (Redação dada pela Emenda Constitucional nº 80, de 2014)
§1º Lei complementar organizará a Defensoria Pública da União e do Distrito Federal e dos Territórios e prescreverá normas gerais para sua organização nos Estados, em cargos de carreira, providos, na classe inicial, mediante concurso público de provas e títulos, assegurada a seus integrantes a garantia da inamovibilidade e vedado o exercício da advocacia fora das atribuições institucionais. (Renumerado pela Emenda Constitucional nº 45, de 2004)
§2º Às Defensorias Públicas Estaduais são asseguradas autonomia funcional e administrativa e a iniciativa de sua proposta orçamentária dentro dos limites estabelecidos na lei de diretrizes orçamentárias e subordinação ao disposto no art. 99, §2º. (Incluído pela Emenda Constitucional nº 45, de 2004)
§3º Aplica-se o disposto no §2º às Defensorias Públicas da União e do Distrito Federal. (Incluído pela Emenda Constitucional nº 74, de 2013)
§4º São princípios institucionais da Defensoria Pública a unidade, a indivisibilidade e a independência funcional, aplicando-se também, no que couber, o disposto no art. 93 e no inciso II do art. 96 desta Constituição Federal. (Incluído pela Emenda Constitucional nº 80, de 2014)
Art. 135. Os servidores integrantes das carreiras disciplinadas nas Seções II e III deste Capítulo serão remunerados na forma do art. 39, §4º. (Redação dada pela Emenda Constitucional nº 19, de 1998)

mote institucional do momento – *autonomia*,[94] apenas se constata um caminho semelhante ao ocorrido com outras carreiras jurídicas, criando verdadeiro Estado composto de corporações.[95]

7.2 Aqui serão apresentados alguns tópicos inseridos no novo CPC e que se apresentam como contrários à retórica nele expressa.

Observem-se alguns comentários que ora são tecidos acerca de alguns dispositivos da Lei nº 13.105, de 16 de março de 2015 (o novo CPC):

Inicia-se essa breve análise pelo artigo da lei acerca da "razoável duração do processo".

> Art. 4º As partes têm o direito de obter em *prazo razoável a solução integral do mérito, incluída a atividade satisfativa.*

7.3 Tal disposição nada mais é que uma reprodução do dispositivo constitucional acerca da razoável duração do processo. Dúvida não se pode ter acerca da necessidade de se ter uma rápida solução dos conflitos, sem prejuízo da Justiça da solução, com o estímulo às soluções negociadas como as conciliações.

---

[94] *Autonomia* tem sido a grande bandeira de muitas instituições públicas no Brasil de hoje: dos entes reguladores, do Ministério Público, do Judiciário, da Defensoria Pública, Polícia, dentre outros. Cada qual com a concepção que elaborar seu plano de gastos, projetar suas receitas, ter autonomia financeira ampliada seria a grande solução. Tal parte de uma visão equivocada, expressão de um país de corporações, quando o que se necessita é ter meios assegurados para um funcionamento eficiente. Criou-se uma ideia de pulverização, como equivocado sinônimo de democracia.

[95] Obs.: Veja-se o ocorrido no Brasil pós 1988: Havia um referencial remuneratório para as carreiras jurídicas, que era a carreira de Juízes da União (juízes federais, juízes do trabalho, juízes militares)/na sequência, os membros do Ministério Público da União (procuradores da República, procuradores militares e procuradores do trabalho) conseguiram equiparação e até superação de vantagens, invertendo a luta remuneratória; tem-se atualmente o conjunto de vantagens remuneratórias e pecuniárias, em geral, dos membros do Ministério Público como referencial remuneratório/os Defensores Públicos passaram a obter paulatinamente incrementos remuneratórios e também os advogados da União, inclusive com a percepção da Lei nº 13.957/2019, que estabeleceu as diretrizes orçamentárias para 2020.
De acordo com a citada lei, para fins de incidência do limite de que trata o inciso XI do art. 37 da Constituição, serão considerados os pagamentos efetuados a título de honorários advocatícios de sucumbência. No contexto das "refregas intercorporações", a então Procuradora-Geral da República ajuizou a ADI nº 6.053, em dezembro de 2018, ação contrária ao recebimento dos honorários pelos advogados públicos. O argumento básico da PGR é que "eles não podem receber qualquer adicional, como estabelece a Constituição Federal" (vide sobre o tema: https://www.conjur.com.br/2019-dez-23/sancionada-lei-limita-honorarios-advogados-publicos-teto, acesso em: 18 mar. 2020). Há, sem dúvida, uma *silenciosa disputa remuneratória* entre as corporações da área jurídica.

Não houve, entretanto, conforme referido [96] anteriormente, qualquer avanço com indicação de instrumentos tendentes a que esse princípio fosse alcançado. Tal se constata não com discussões retóricas, típicas do bacharelismo, mas com os frios dados estatísticos. Antes pelo contrário, a manutenção de formas de intimação da Fazenda, a necessária manifestação das partes mesmo em questões de ordem pública, o complexo sistema recursal, as duradouras execuções etc., são exemplos de falta de dinamismo dos procedimentos.

Outros dispositivos absolutamente inócuos são a seguir elencados e examinados.

Observe-se:

> Art. 5º Aquele que de qualquer forma participa do processo deve comportar-se de acordo com a *boa-fé*.
> Art. 6º Todos os sujeitos do processo *devem cooperar* entre si para que se obtenha, em tempo razoável, decisão de mérito justa e efetiva.

7.4 Dois princípios são imbricados e intimamente relacionados: boa-fé e cooperação.

O princípio da boa-fé, quer na vertente objetiva, quer na subjetiva, é natural decorrência de uma sociedade pautada nos princípios da legalidade e moralidade. As ideias de oportunismo e de obtenção de vantagem indevida do processo deveriam ser afastadas do cotidiano das disputas processuais e não o são. A questão é expressão de uma subcultura daninha presente em muitas posturas nos processos.

Por vezes se constata, dentre outras situações, a manipulação da duração do processo como instrumento econômico sem que haja a efetiva repressão pelos órgãos judiciais.[97] Tal como se citará adiante, é muito comum nas lides de natureza tributária.

O texto processual deveria indicar instrumentos de concretização e sanções para condutas refratárias a esses princípios (da boa-fé e

---

[96] A figura da *conciliação*, tão salutar como instrumento de pacificação social, muitas vezes é utilizada como instrumento de obtenção de vantagens patrimoniais quando há disparidade econômica entre os conflitantes. Poder-se-ia aqui citar a experiência que se tem dos conflitos trabalhistas, onde se enaltece haver o maior percentual de conciliações, o que se explica pelo fato de o "tempo do processo" penalizar o trabalhador, sobretudo quando desempregado, não podendo suportar longos períodos sem a percepção, pelo menos, de parcela daquilo que seria o seu conjunto de direitos.

[97] Deve-se observar a existência de uma avaliação econômica do custo da demanda. Em sendo os eventuais efeitos de uma condenação pecuniária, ou de obrigação de fazer (economicamente avaliável), duradoura, menos gravosa que a aplicação dos recursos correspondentes no sistema financeiro, sem a existência de outras sanções, é corriqueiro que se faça a opção pela procrastinação e chicana, com vantagem pecuniária.

da cooperação), que, de modo explícito ou não, são reconhecidos e praticados nas "democracias consolidadas" como fundamentais para a modernização do sistema processual.

Sobre ele, encontram-se inúmeras lições acerca de sua relevância para o sucesso na pacificação dos conflitos.[98] Tal se faz presente em vários dos países que são paradigmáticos ao Brasil.[99] Infelizmente a explicitação do princípio no Brasil não tem afastado arraigada cultura em contrário.

A prática recorrente no Brasil não segue por essa vereda. Seria relevante que o CNJ fizesse campanhas de conscientização, que as corregedorias e os juízes fossem expeditos e que a própria Ordem dos Advogados do Brasil tivesse como meta a mudança de "filosofia", no sentido de que a "técnica de procrastinação" não é compatível com a finalidade da advocacia, nos termos constitucionais. É necessário que haja uma profunda mudança "fática" na postura da advocacia, cujo objetivo deve ser a solução do conflito com a proclamação judicial acerca de a quem assiste o direito.

7.5 Poder-se-ia aqui listar normatizações da Alemanha, EUA, dentre outros, sobre o tema e de modo relevante, enfatizando a ilicitude de condutas diversas, com quebra de lealdade, e o dever de contribuir para a solução das lides.

No Brasil, tem-se ainda, não há como negar, um grave erro de formação dos bacharéis e mais especificamente dos advogados (privados e públicos), no sentido de não entenderem como ilícita a prática de expedientes procrastinatórios, tais como o arrolamento desnecessário de testemunhas, perícias supérfluas, recursos incabíveis etc.

---

[98] Na Austrália bem lecionava o Juiz Michael Baker:
"another ingredient that is fundamental to the success of any of the system reforms suggested by the Commission in its report, which has been evident in the SAT success, and that is the recognition by parties and their lawyers, and their adherence to, the duty to cooperate and act in good faith in civil proceedings. Unless all participants in the system cooperate and act in good faith, the system of civil justice will fail to meet community expectations, despite the best efforts of courts and tribunals to drive the system to meet those expectations" (The duty of parties and their lawyers to co-operate and act in good faith in civil proceedings (FCA) [2009] FedJSchol 17 – disponível em: http://www.austlii. edu.au/au/journals/FedJSchol/2009/17.html).

[99] The General duty of good faith has its prominence in civil law jurisdictions like Germany, France, and Italy. With the United State a common law jurisdiction also included in the list of legal system that recognizes the principles or duty of good faith (www.lawteacher. net/free-law-essays/trading-law/the-doctrine-of-good-faith-case.php, em 02.02.18).

Mister seria a existência de mecanismos mais eficientes de sanção. [100]

Outro dispositivo merecedor de crítica é o a seguir transcrito:

Art. 10. O juiz não pode decidir, em grau algum de jurisdição, com base em fundamento a respeito do qual não se tenha dado às partes oportunidade de se manifestar, *ainda que se trate de matéria sobre a qual deva decidir de ofício.*

7.5 O referido artigo 10 representa um grande retrocesso em sua parte final. Imagine-se uma questão de ordem pública, como o reconhecimento de uma causa de extinção da lide. O Juízo terá que ouvir a parte quando poderia decidir, e a parte, insatisfeita recorrer, como, por exemplo, quando do reconhecimento de uma decadência. Tal não representa qualquer avanço na técnica processual. Já no texto regente das lides perante a Justiça Federal, no início dos anos noventa do século XIX, previa-se a possibilidade de o juiz extinguir, de plano, demandas flagrantemente improcedentes. É o que se constata da Lei nº 221, de 20 de novembro de 1894:

Art. 13. Os juizes e tribunaes federaes processarão e julgarão as causas que se na lesão de direitos individuaes por actos ou decisão das autoridades administrativas da União.
§1º...
§2º.
§3º.
§4º.
§5º *A acção poderá ser desprezada in limine si for manifestamente infundada,* si não estiver devidamente instruida, si a parte for illegitima, ou si houver decorrido um anno da data da intimação ou publicação da medida que for objecto do pleito.

Sem dúvida, o texto era mais moderno que o atual CPC.

Outro texto burocratizante é o do art. 12:

Art. 12. Os juízes e os tribunais atenderão, *preferencialmente,* à ordem cronológica de conclusão para proferir sentença ou acórdão. (Redação dada pela Lei nº 13.256, de 2016) (Vigência)

---

[100] Nota: como seria o estabelecimento de pontuações negativas na inscrição do advogado, até se chegar à suspensão da autorização *para advogar (como ocorre em relação às licenças para dirigir veículos automotores).*

§1º A lista de processos aptos a julgamento deverá estar permanentemente à disposição para consulta pública em cartório e na rede mundial de computadores.

§2º Estão excluídos da regra do caput:

I - as sentenças proferidas em audiência, homologatórias de acordo ou de improcedência liminar do pedido;

II - o julgamento de processos em bloco para aplicação de tese jurídica firmada em julgamento de casos repetitivos;

III - o julgamento de recursos repetitivos ou de incidente de resolução de demandas repetitivas;

IV - as decisões proferidas com base nos *arts. 485 e 932*;

V - o julgamento de embargos de declaração;

VI - o julgamento de agravo interno;

VII - as preferências legais e as metas estabelecidas pelo Conselho Nacional de Justiça;

VIII - os processos criminais, nos órgãos jurisdicionais que tenham competência penal;

IX - a causa que exija urgência no julgamento, assim reconhecida por decisão fundamentada.

7.6 Esses dispositivos merecem breve análise. O primeiro, já destacado por inúmeros autores, como *José Miguel Garcia Medina*:

De acordo com o art. 12 do NCPC, a prolação de sentenças ou acórdãos pelos juízes e tribunais deverá obedecer à ordem cronológica de conclusão. Trata-se de disposição que tende a materializar a isonomia processual (confira o artigo 7º do NCPC; na Constituição, confira o artigo 5º, *caput*), evitando-se que se deem tratamentos diferenciados e injustificáveis entre os processos que tramitem perante um mesmo órgão jurisdicional. Nesse ponto, pode-se enxergar, aqui, manifestação do princípio da impessoalidade. A disponibilização, para consulta pública, da lista de processos aptos a julgamento (parágrafo 1º do artigo 12 do NCPC), por sua vez, além de poder ser vista como manifestação do princípio da publicidade (confira o artigo 11 do NCPC), torna o *modus operandi* da atividade jurisdicional mais previsível para as partes, dando-lhes mais segurança. A isonomia, no entanto, não deve ser observada apenas formalmente. Dar um tratamento absolutamente uniforme de causas diferentes significaria violar a isonomia assegurada constitucionalmente. Por isso que o direito ao tratamento isonômico também compreende o direito de ser considerado de modo particular, ou o reconhecimento do direito à diferença. Viola-se o princípio da isonomia, assim, ao se pretender dar tratamento isonômico a quem esteja em situação diferente. O artigo 12 do NCPC (especialmente o parágrafo 2º do artigo), diante disso, prevê uma série de exceções à regra. (https://

www.conjur.com.br/2015-fev-09/processo-cpc-ordem-cronologica-jul-gamentos-nao-inflexivel)

Observe-se que o CNJ orienta no sentido de observar a ordem cronológica, o que comporta inúmeras exceções, salientando-se que tal ordem é muitas vezes burlada por técnicas bastante difundidas, como "os livros virtuais de conclusão", fazendo com que os autos só sejam efetivamente conclusos quando o magistrado faz a opção de julgar a ação. Não se está com essa assertiva a afirmar que a ordem cronológica não seja um critério importante, mas, muitas vezes, processos mais complexos justificam um maior tempo de exame. O que deve prevalecer, em verdade, é um princípio ético: a impessoalidade deve ser observada. Não podem haver preferências em função de partes ou de advogados.

Um depoimento pessoal do segundo dos autores: conseguiu durante vários anos ter o Gabinete com menor tempo de tramitação dos processos a ele tombados, quer na 1ª Turma do TRF5, quer naqueles do Plenário da Corte. Tal decorria, especificamente, de alguns fatores, sobretudo a racionalização, pautas temáticas, votos simples, suficientes para abarcar os tópicos discutidos sem pretensões de transformar as decisões em "profundas manifestações doutrinais". Além, naturalmente, da seleção por ordem cronológica inversa, sem olvidar que os processos devem ser catalogados por níveis de dificuldade. A cada sessão de julgamento devem ir processos simples, mas também os complexos, evitando que esses fiquem esquecidos no fundo da peneira do garimpeiro. Com racionalização e avaliações periódicas é possível avançar.[101] A questão é mais de administração do acervo e respeito ao princípio da impessoalidade.

7.7 A orientação da cronologia é relevante, atende como salientado ao princípio da isonomia, mas nem sempre funciona. Melhor seria se os processos já com conclusão encerrada fossem distribuídos eletronicamente para imediato julgamento a qualquer juiz competente da comarca da mesma área de atuação: varas cíveis, varas de fazenda pública, de família, o que atualmente é bastante simples, com os PJEs,

---

[101] Outro aspecto delicado a ser observado é que o regramento da dedicação à magistratura, previsto na LOMAN (LC nº 35/79), vem sendo progressivamente esquecido. As atividades compatíveis, como a possibilidade de exercício do magistério, devem ter limites mesmo quando se trata de magistério privado, pois, afinal, público ou privado é atividade que consome tempo de aulas, preparações, correções de provas, orientações...). Tal priorização do magistério leva, muitas vezes, a outra consequência danosa, que é a fática terceirização da atividade da magistratura, com muitos atos, inclusive decisórios, *sendo objeto de completa análise por assessores, com qualificação mais limitada...*

CAPÍTULO VII
ALGUNS EQUÍVOCOS DO NOVO CÓDIGO DE PROCESSO CIVIL | 107

vencendo-se a antiga ideia da vinculação do instrutor ao julgamento. Centrais de julgamento reforçariam a impessoalidade. O modelo atual leva a que os processos tenham certa margem de álea em relação à celeridade do julgamento.

7.8 Segue-se com outro exemplo de inocuidade:

> Art. 77. Além de outros previstos neste Código, são deveres das partes, de seus procuradores e de todos aqueles que de qualquer forma participem do processo:

A primeira observação é que o texto diz, em tautológicas palavras, que são deveres dos que participam no processo, além dos *previstos neste Código, estes aqui elencados também no Código:*

> I - expor os fatos em juízo conforme a verdade;
> II - não formular pretensão ou de apresentar defesa quando cientes de que são destituídas de fundamento;
> III - não produzir provas e não praticar atos inúteis ou desnecessários à declaração ou à defesa do direito;
> IV - cumprir com exatidão as decisões jurisdicionais, de natureza provisória ou final, e não criar embaraços à sua efetivação;
> V - declinar, no primeiro momento que lhes couber falar nos autos, o endereço residencial ou profissional onde receberão intimações, atualizando essa informação sempre que ocorrer qualquer modificação temporária ou definitiva;
> VI - não praticar inovação ilegal no estado de fato de bem ou direito litigioso.
> §1º Nas hipóteses dos incisos IV e VI, o juiz advertirá qualquer das pessoas mencionadas no *caput* de que sua conduta poderá ser punida como ato atentatório à dignidade da justiça.
> §2º A violação ao disposto nos incisos IV e VI constitui ato atentatório à dignidade da justiça, devendo o juiz, sem prejuízo das sanções criminais, civis e processuais cabíveis, aplicar ao responsável multa de até vinte por cento do valor da causa, de acordo com a gravidade da conduta.
> §3º Não sendo paga no prazo a ser fixado pelo juiz, a multa prevista no §2º será inscrita como dívida ativa da União ou do Estado após o trânsito em julgado da decisão que a fixou, e sua execução observará o *procedimento da execução fiscal, revertendo-se aos fundos previstos no art. 97.*
> §4º A multa estabelecida no §2º poderá ser fixada independentemente da incidência das previstas nos arts. 523, §1º , e 536, §1º .
> §5º Quando o valor da causa for irrisório ou inestimável, a multa prevista no §2º poderá ser fixada em até 10 (dez) vezes o valor do salário-mínimo.

§6º Aos advogados públicos ou privados e aos membros da Defensoria Pública e do Ministério Público não se aplica o disposto nos §§2º a 5º, devendo eventual responsabilidade disciplinar ser apurada pelo respectivo órgão *de classe ou, ao qual o juiz oficiará.*

§7º Reconhecida violação ao disposto no inciso VI, o juiz determinará o restabelecimento do estado anterior, podendo, ainda, proibir a parte de falar nos autos até a purgação do atentado, sem prejuízo da aplicação do §2º.

§8º O representante judicial da parte não pode ser compelido a cumprir decisão em seu lugar.

Esse princípio aqui referido e esmiuçado pode ser expresso em duas singelas palavras: *lealdade processual.*

Lealdade. Algo que, infelizmente, não é tão corrente na sociedade brasileira.[102] Pouco adianta a previsão de responsabilidade sem sanção.

---

[102] Pode-se afirmar com Felipe Bartolomeo:

"apresentar mentiras em juízo, fazer pedidos sem qualquer fundamentação jurídica, atrasar o processo sem motivo através de meios jurídicos (como apresentação de recursos, produção de provas desnecessárias etc.) são *atos considerados como contrários ao direito.*

Atos ilícitos

É muito importante lembrar que os atos ilícitos são divididos em:

Atos ilícitos *propriamente ditos* (art. 186 do Código Civil)

Atos ilícitos *por abuso de direito* (art. 187 do Código Civil)

Assim, mesmo existindo possibilidades jurídicas de apresentação de recursos, de pedir determinadas provas, fazer determinados pedidos nos processo, o que, a princípio poderia ser tido como um ato lícito *acaba por se tornar ilícito em razão do abuso em sua utilização.*" (https://www.aurum.com.br/blog/litigancia-de-ma-fe - 17.09.2019).

Trata-se de Pedido Nacional de Uniformização de Interpretação de Lei interposto em face de acórdão proferido pela 3ª Turma Recursal de Pernambuco, que não conheceu do recurso inominado do INSS, porquanto genérico, aplicando, inclusive, multa por litigância de má-fé em face de recurso manifestamente protelatório: "Ora, é dever do(a) recorrente especificar exatamente o que deseja ver reformado na sentença, não sendo cabível uma simples devolução total de tudo o que foi e o que não foi discutido os autos, de forma que um único modelo sirva para todos os casos. [...]. Assim, aplico, em desfavor do recorrente, multa de dez por cento sobre o valor corrigido da causa." (Evento 1, TEOR24, página 1). Sustenta o INSS, em síntese, que o STJ há muito já pacificou a jurisprudência no sentido de que a atividade de trabalhador rural não se enquadra na categoria profissional prevista no item 2.2.1 do Decreto nº 53.831/64. É o relatório. Decido. Como se vê, o acórdão impugnado não adentrou no mérito, deixando de conhecer do recurso inominado. De sorte que, ausente pré-questionamento (Questão de Ordem n.º 35 da TNU), cuja falta não foi suprida pelos embargos declaratórios, limitados a questionar obscuridade no critério adotado para fixação da multa por litigância de má-fé (Evento 1, ANEXO 26), é manifestamente inadmissível o presente recurso. Ante o exposto, nego seguimento ao PUIL nacional, ex vi do inc. IX do art. 9º da Res. n.º 345/2015 do CJF. Intimem-se. Decorrido o prazo sem manifestação, certifique-se o trânsito em julgado. (TNU - 0503519-93.2016.4.05.830705035199320164058307, em 30.01.2019).

No mesmo sentido:

A Turma Nacional de Uniformização decidiu, por unanimidade, NÃO CONHECER do incidente de uniformização interposto pela parte autora, advertindo-a de que eventual persistência na tentativa de arrostar a anterior decisão da Presidência deste colegiado que negou seguimento ao seu incidente de uniformização de jurisprudência – decisão essa

CAPÍTULO VII
ALGUNS EQUÍVOCOS DO NOVO CÓDIGO DE PROCESSO CIVIL

Aqui não se está a falar de casos de extrema deslealdade, mas de casos corriqueiros, praticados, inclusive, por destacados advogados. Hannah Arendt merece ser lembrada.[103] Advogados "comuns" requerem perícias

---

prolatada em 07.11.2017 e transitada em julgado – poderá ensejar a aplicação de multa por litigância de má-fé (CPC, art. 80, V e VI).
Acórdão nº 5004502-57.2015.4.04.7004 (06.11.2019)
Do colendo STF:
EMENTA: DESLEALDADE PROCESSUAL. Litigância de má-fé. Caracterização. Afirmações contrárias aos documentos da causa. Abuso de prerrogativa processual. Condenação ao pagamento de multa. Embargos rejeitados. Caracterizada litigância de má-fé, consistente em afirmações contrárias aos documentos da causa, justifica-se imposição de multa ao litigante.
Decisão
A Turma, por votação unânime, rejeitou os embargos de declaração e, no que se refere ao embargante Renato Silva de Oliveira Pantoja, impôs-lhe multa de 1% sobre o valor da causa, nos termos do voto do Relator. Ausentes, justificadamente, neste julgamento, os Senhores Ministros Joaquim Barbosa e Ellen Gracie. 2ª Turma, 16.09.2008. (RMS-ED - EMB. DECL. NO RECURSO EM MANDADO DE SEGURANÇA nº 23.535).
E ainda, dentre vários:
Ementa
EMENTA: RECURSO MANIFESTAMENTE INFUNDADO – ABUSO DO DIREITO DE RECORRER – IMPOSIÇÃO DE MULTA À PARTE RECORRENTE (CPC, ART. 557, §2º, NA REDAÇÃO DADA PELA LEI Nº 9.756/98) – PRÉVIO DEPÓSITO DO VALOR DA MULTA COMO REQUISITO DE ADMISSIBILIDADE DE NOVOS RECURSOS – VALOR DA MULTA NÃO DEPOSITADO – EMBARGOS DE DECLARAÇÃO NÃO CONHECIDOS. MULTA E ABUSO DO DIREITO DE RECORRER. – A possibilidade de imposição de multa, quando manifestamente inadmissível ou infundado o agravo, encontra fundamento em razões de caráter ético-jurídico, pois, além de privilegiar o postulado da lealdade processual, busca imprimir maior celeridade ao processo de administração da justiça, atribuindo-lhe um coeficiente de maior racionalidade, em ordem a conferir efetividade à resposta jurisdicional do Estado. A multa a que se refere o art. 557, §2º, do CPC, possui inquestionável função inibitória, eis que visa a impedir, nas hipóteses referidas nesse preceito legal, o exercício irresponsável do direito de recorrer, neutralizando, dessa maneira, a atuação processual do *improbus litigator*. O EXERCÍCIO ABUSIVO DO DIREITO DE RECORRER E A LITIGÂNCIA DE MÁ-FÉ. – O ordenamento jurídico brasileiro repele práticas incompatíveis com o postulado ético-jurídico da lealdade processual. O processo não pode ser manipulado para viabilizar o abuso de direito, pois essa é uma ideia que se revela frontalmente contrária ao dever de probidade que se impõe à observância das partes. O litigante de má-fé – trate-se de parte pública ou de parte privada – deve ter a sua conduta sumariamente repelida pela atuação jurisdicional dos juízes e dos tribunais, que não podem tolerar o abuso processual como prática descaracterizadora da essência ética do processo. (AI-AgR-ED-ED – EMB. DECL.NOS EMB. DECL. NO AG.REG.NO AGRAVO DE INSTRUMENTO nº 207.808)
Curioso e lamentável é observar que os Tribunais intermediários têm demonstrado muito maior parcimônia e timidez no reconhecimento e punição dessas situações gravosas.

[103] ARENDT, Hannah. *Eichmann em Jerusalém – um relato sobre a banalidade do mal* (1963). Um livro notável, onde a brilhante filósofa desnuda a ideia do infrator, mesmo grave, como um monstro demoníaco, mas "como um burocrata, um sujeito medíocre, que de certa forma renunciou a pensar nas consequências que os seus atos poderiam ter. "Embora as atrocidades por ele conduzidas tivessem sido de uma crueldade inimaginável, 'o executante era ordinário, comum, nem demoníaco, nem monstruoso'. Eichmann revelou-se, durante todo o processo, até os dias que antecederam sua morte por enforcamento, como uma pessoa incapaz de exercer a atividade de pensar e elaborar um juízo crítico e reflexivo" (análise de Felipe Tessário).

descabidas, testemunhas desnecessárias, interpõem recursos com finalidades procrastinatórias, com o objetivo de atender conveniências da parte para a qual atua, mesmo com a consciência de que está a agir contrariamente à ideia de solução justa de uma lide.

O dia a dia, o cotidiano, desde os rincões mais distantes deste país até nos Tribunais Superiores, demonstra quanto essa lealdade é ficcional. Quantas e quantas vezes artimanhas, chicanas, são utilizadas para deturpar a verdade ou para retardar para que ela não se desnude.[104]

7.9 A cultura aqui assente é de beligerância e de obstrução, presente em quaisquer atividades da vida brasileira.[105]

> Art. 79. Responde por perdas e danos aquele que litigar de má-fé como autor, réu ou interveniente.
>
> Art. 80. Considera-se litigante de má-fé aquele que:
> I - deduzir pretensão ou defesa contra texto expresso de lei ou fato incontroverso;
> II - alterar a verdade dos fatos;
> III - usar do processo para conseguir objetivo ilegal;
> IV - opuser resistência injustificada ao andamento do processo;
> V - proceder de modo temerário em qualquer incidente ou ato do processo;
> VI - provocar incidente manifestamente infundado;
> VII - interpuser recurso com intuito *manifestamente protelatório*.

7.10 Evidentemente, o rol de hipóteses de má-fé é exemplificativo. É um numero aberto, quase infinito.

Poder-se-ia afirmar que toda vez que alguém, conscientemente, altera a verdade dos fatos, omite-a ou utiliza de expedientes escusos, sombrios para evitar o exercício de direito, age de má-fé e mereceria sanção exemplar, quer se trate de pessoa física ou jurídica, de direito público ou privado. O elenco é amplo. O costume tolerado de mitigação

---

[104] Pertinente a advertência, não só no Brasil, mais em quaisquer país que tenha respeito pela atividade do advogado, encontrável no Reino Unido: the continued conflict between the principle of acting in the best interests of each client and other, often higher-priority principles, such as acting with integrity or upholding the rule of law and proper administration of justice. Merece consulta de Alan Paterson. *Duties to the Court* (https://strathprints.strath.ac.uk/4793/1/strathprints004793.pdf).

[105] Observe-se como tal é assente no legislativo brasileiro e tal é tido como válido, lícito e compatível com a democracia ("Recurso utilizado pelos parlamentares, em uma Casa legislativa, com o objetivo de impedir o prosseguimento dos trabalhos e ganhar tempo dentro de uma ação política. Os mecanismos mais utilizados são os pronunciamentos, pedidos de adiamento da discussão e da votação e saída do Plenário para evitar quorum". Entretanto, tal técnica nas ações judiciais, onde não se trata de conflito de proposições mas de técnica para retardar o exercício de um direito, é absolutamente antiética.

de sanções, ou até flagrantes revelações face a condutas infracionais, é corriqueiro, quer quando seus praticantes agem representando pessoas físicas ou jurídicas, privadas ou públicas, por vezes com a anuência e a conivência de seus patrocinados, mas quase sempre no interesse desses. Na esteira do que aqui se referiu, observe-se o disposto no artigo que segue:

> Art. 81. De ofício ou a requerimento, *o juiz condenará o litigante de má-fé a pagar multa, que deverá ser superior a um por cento e inferior a dez por cento do valor corrigido da causa, a indenizar a parte contrária pelos prejuízos que esta sofreu e a arcar com os honorários advocatícios e com todas as despesas que efetuou.*

Aqui se tem um grande afastamento entre declaração de princípio, ou de direito, e sua efetivação. A questão é também cultural.

Nos Juízos (Juízes e Tribunais devem ser mais efetivos no exercício do poder sancionador), muitas vezes, após se conseguir superar a resistência, ou o subterfúgio do litigante de má-fé, se "atenua", se reduz a sanção.

Raramente se constata efetiva imposição de sanção ao litigante de má-fé, mais raramente ainda quando esse litigante é um ente da Administração Pública que, em um sistema de jurisdição una, tem mais ainda deveres isonômicos com as partes privadas.

Pode-se repetir aqui algo que representa expressão de perplexidade dos britânicos: como seria aceitável tolerar-se que o Estado, guardião da legalidade, se utilize de expedientes para tentar descumprir o ordenamento jurídico?

A ojeriza a essa postura deve ser ainda maior. Representa a violação de direito por aquele que tem o dever de preservá-lo.

Houvesse imposições de sanções que poderiam ser agravadas em relação a litigantes contumazes de má-fé (o que poderia ser registrado eletronicamente em sistema informatizado, de conhecimento público), com certeza, o número de situações de litigância de má-fé sofreria substancial redução. A ampliação do sistema de multas aos representantes dirigentes (pessoas físicas) das pessoas jurídicas seria um caminho salutar.

7.11 Outro dispositivo merecedor de análise é o referente à figura do *incidente de desconsideração da personalidade jurídica*, previsto no novo CPC:

Art. 133. O incidente de desconsideração da personalidade jurídica será instaurado a pedido da parte ou do Ministério Público, quando lhe couber intervir no processo.

§1º O pedido de desconsideração da personalidade jurídica observará os pressupostos previstos em lei.

§2º Aplica-se o disposto neste Capítulo à hipótese de desconsideração inversa da personalidade jurídica.

Art. 134. O incidente de desconsideração é cabível em todas as fases do processo de conhecimento, no cumprimento de sentença e na execução fundada em título executivo extrajudicial.

§1º A instauração do incidente será imediatamente comunicada ao distribuidor para as anotações devidas.

§2º Dispensa-se a instauração do incidente se a desconsideração da personalidade jurídica for requerida na petição inicial, hipótese em que será citado o sócio ou a pessoa jurídica.

§3º A instauração do incidente suspenderá o processo, salvo na hipótese do §2º.

§4º O requerimento deve demonstrar o preenchimento dos pressupostos legais específicos para desconsideração da personalidade jurídica.

Art. 135. Instaurado o incidente, o sócio ou a pessoa jurídica será citado para manifestar-se e requerer as provas cabíveis no prazo de 15 (quinze) dias.

Art. 136. Concluída a instrução, se necessária, o incidente será resolvido por decisão interlocutória.

Parágrafo único. Se a decisão for proferida pelo relator, cabe agravo interno.

Art. 137. Acolhido o pedido de desconsideração, a alienação ou a oneração de bens, havida em fraude de execução, será ineficaz em relação ao requerente.

7.12 O incidente de desconsideração da personalidade tem se apresentado como um instrumento bastante complexo, extremamente lento, que traz consequências muitas vezes graves em termos de celeridade processual, quando na grande maioria dos casos as questões acerca da legitimidade passiva do terceiro poderiam ter mais célere deslinde, com a utilização da tradicional figura dos embargos de terceiros.

7.13 Aspecto relevante a destacar é a pretensão, cuja aceitação oscilou entre os vários órgãos do Poder Judiciário, de aplicar esse incidente às execuções fiscais. Nesse ponto, o STJ inclinou-se, no entender dos autores deste texto, corretamente, pela prevalência do regime da lei especial, de execuções fiscais.

Ao cabo, pelo menos, o STJ vem se definindo pela negativa da aplicação do dispositivo da lei geral processual frente a regramento específico em lei especial (Lei nº 6.830\80)
Nesse sentido:

(AIRESP – AGRAVO INTERNO NO RECURSO ESPECIAL – 1759512-2ª turma)
Ementa...

...

O acórdão recorrido está em consonância com a jurisprudência deste Superior Tribunal de Justiça, que tem pacificado o entendimento no sentido de que há verdadeira incompatibilidade entre a instauração do *incidente de desconsideração da personalidade jurídica e o regime jurídico da execução fiscal*, considerando que deve ser afastada a aplicação da lei geral, – Código de Processo Civil – considerando que o regime jurídico da lei especial, – Lei de Execução Fiscal –, não comporta a apresentação de defesa sem prévia garantia do juízo, nem a automática suspensão do processo, conforme a previsão do art. 134, §3º, do CPC/2015. A propósito, confira-se: REsp n. 1.786.311/PR, Rel. Ministro Francisco Falcão, Segunda Turma, julgado em 9/5/2019, DJe 14/5/2019. IV - Sobre a alegada violação do art. 151, VI, do CTN, o recurso não comporta seguimento (15.10.2019).

E ainda:

(RESP - RECURSO ESPECIAL – 1786311, de 09.05.2019 – 2ª turma)
EMENTA: REDIRECIONAMENTO DA EXECUÇÃO FISCAL. SUCES-SÃO DE EMPRESAS. GRUPO ECONÔMICO DE FATO. CONFUSÃO PATRIMONIAL. INSTAURAÇÃO DE INCIDENTE DE DESCONSI-DERAÇÃO DA PERSONALIDADE JURÍDICA. DESNECESSIDADE. VIOLAÇÃO DO ART. 1.022, DO CPC/2015. INEXISTÊNCIA. I - Impõe-se o afastamento de alegada violação do art. 1.022 do CPC/2015, quando a questão apontada como omitida pelo recorrente foi examinada no acórdão recorrido, caracterizando o intuito revisional dos embargos de declaração. II - Na origem, foi interposto agravo de instrumento contra decisão, em via de execução fiscal, em que foram reconhecidos fortes indícios de formação de grupo econômico, constituído por pessoas físicas e jurídicas, e sucessão tributária ocorrida em relação ao Jornal do Brasil S.A. e demais empresas do "Grupo JB", determinando, assim, o redirecionamento do feito executivo. III - Verificada, com base no conteúdo probatório dos autos, a existência de grupo econômico de fato com confusão patrimonial, apresenta-se inviável o reexame de tais elementos no âmbito do recurso especial, atraindo o óbice da Súmula n. 7/STJ. IV - A previsão constante no art. 134, caput, do CPC/2015, sobre o cabimento do incidente de desconsideração da personalidade jurídica,

na execução fundada em título executivo extrajudicial, não implica a ocorrência do incidente na execução fiscal regida pela Lei n. 6.830/1980, verificando-se verdadeira incompatibilidade entre o regime geral do Código de Processo Civil e a Lei de Execuções que, diversamente da lei geral, não comporta a apresentação de defesa sem prévia garantia do juízo, nem a automática suspensão do processo, conforme a previsão do art. 134, §3º, do CPC/2015. Na execução fiscal "a aplicação do CPC é subsidiária, ou seja, fica reservada para as situações em que as referidas leis são silentes e no que com elas compatível" (REsp n. 1.431.155/PB, Rel. Ministro Mauro Campbell Marques, Segunda Turma, Dje 2/6/2014). V - Evidenciadas as situações previstas nos arts. 124 e 133, do CTN, não se apresenta impositiva a instauração do incidente de desconsideração da personalidade jurídica, podendo o julgador determinar diretamente o redirecionamento da execução fiscal para responsabilizar a sociedade na sucessão empresarial. Seria contraditório afastar a instauração do incidente para atingir os sócios-administradores (art. 135, III, do CTN), mas exigi-la para mirar pessoas jurídicas que constituem grupos econômicos para blindar o patrimônio em comum, sendo que nas duas hipóteses há responsabilidade por atuação irregular, em descumprimento das obrigações tributárias, não havendo que se falar em desconsideração da personalidade jurídica, mas sim de imputação de responsabilidade tributária pessoal e direta pelo ilícito. Precedente: REsp n. 1.786.311/PR, Rel. Ministro Francisco Falcão, DJe 14/5/2019. VI - Agravo conhecido para conhecer parcialmente do recurso especial e, nessa parte, negar provimento.

No mesmo sentido, da 1ª Turma do STJ:

ARESP 117.3201, EM 21.02.2019:

Ementa
PROCESSUAL CIVIL E TRIBUTÁRIO. EXECUÇÃO FISCAL. REDI-RECIONAMENTO. GRUPO ECONÔMICO. INCIDENTE DE DES-CONSIDERAÇÃO DA PERSONALIDADE DA PESSOA JURÍDICA. FUNDAMENTO INVOCADO PARA ATRIBUIÇÃO DA RESPONSA-BILIDADE E À NATUREZA E À ORIGEM DO DÉBITO COBRADO. EXAME. NECESSIDADE. ACÓRDÃO. CASSAÇÃO.
1. "O agravo poderá ser julgado, conforme o caso, conjuntamente com o recurso especial ou extraordinário, assegurada, neste caso, sustentação oral, observando-se, ainda, o disposto no regimento interno do tribunal respectivo" (art. 1.042, §5º, do CPC/2015).
2. A atribuição, por lei, de responsabilidade tributária pessoal a terceiros, como no caso dos sócios-gerentes, autoriza o pedido de redirecionamento de execução fiscal ajuizada contra a sociedade empresária inadimplente,

sendo desnecessário o incidente de desconsideração da personalidade jurídica estabelecido pelo art. 134 do CPC/2015.

3. Hipótese em que o TRF da 4ª Região decidiu pela desnecessidade do incidente de desconsideração, com menção aos arts. 134 e 135 do CTN, inaplicáveis ao caso, e sem aferir a atribuição de responsabilidade pela legislação invocada pela Fazenda Nacional, que requereu a desconsideração da personalidade da pessoa jurídica para alcançar outra, integrante do mesmo grupo econômico.

4. Necessidade de cassação do acórdão recorrido para que o Tribunal Regional Federal julgue novamente o agravo de instrumento, com atenção aos argumentos invocados pela Fazenda Nacional e à natureza e à origem do débito cobrado.

5. Agravo conhecido. Recurso especial provido.

7.14 Outros dispositivos merecedores de críticas são aqueles que asseguram *tratamento "privilegiado"* às *procuradorias públicas*, o que normalmente é defendido sob o argumento de proteção do interesse público, do interesse da sociedade e argumentos similares. Em verdade, a definição de interesse público ocupou a clássica doutrina administrativista sem muito sucesso e sem pacificação por muitas décadas.

Tais argumentos invocados são vazios. Se assim o fosse, nas grandes arbitragens tal situação existiria. Quando as Fazendas Públicas são partes em arbitragens, seus ilustres procuradores não têm situação processual diferenciada. A isonomia processual é plena. Há uma flagrante contradição em se entender que frente a grandes empresas, em litígios arbitrais, os entes públicos são legalmente colocados em situação de plena igualdade, questão essa que já foi apreciada pelo colendo STF, com o reconhecimento da constitucionalidade da arbitragem em relação a questões patrimoniais disponíveis da Administração Pública.

No mundo fático poder-se-ia ainda argumentar que hodiernamente as procuradorias públicas gozam de estrutura muito melhor que aquelas existentes nos modestos escritórios de advocacia que atendem a maior parte da população brasileira.

Inaceitáveis previsões, tais como:

> Art. 182. Incumbe à Advocacia Pública, na forma da lei, defender e promover os interesses públicos da União, dos Estados, do Distrito Federal e dos Municípios, por meio da representação judicial, em todos os âmbitos federativos, das pessoas jurídicas de direito público que integram a administração direta e indireta.
>
> Art. 183. A União, os Estados, o Distrito Federal, os Municípios e suas respectivas autarquias e fundações de direito público gozarão de *prazo*

em dobro para todas as suas manifestações processuais, cuja contagem terá início a partir da intimação pessoal.

Observe-se o cômputo de prazo dobrado a partir da intimação pessoal e, no caso dos processos eletrônicos (PJEs), tal se torna ainda mais longo, com a contagem do prazo a partir de quando se presume acessada a decisão.

Mais céleres seriam os processos se as intimações se dessem a partir de datas certas, com igualdade para ambas as partes.

§1º A intimação pessoal far-se-á por carga, remessa ou meio eletrônico.
§2º Não se aplica o benefício da contagem em dobro quando a lei estabelecer, de forma expressa, prazo próprio para o ente público.
Art. 184. O membro da Advocacia Pública será civil e regressivamente responsável quando agir com dolo ou fraude no exercício de suas funções

7.15 Um dispositivo de pouca utilização, mas que poderia representar um elemento de dinamização dos processos, seria a fixação de calendário de atos, o que deveria ocorrer por fixação de ofício e não por ajuste entre as partes.

Houvesse uma implantação de calendário processual, quando a parte já teria, tal qual ocorre em inúmeros casos de arbitragem, desde o início, datas de eventos, inclusive probatórios e para alegações (naturalmente sujeito a eventuais modificações), dispensar-se-iam muitas e desnecessárias comunicações de atos e alongamento de prazos.

Reza o CPC:

Art. 191. *De comum acordo, o juiz e as partes podem fixar calendário* para a prática dos atos processuais, quando for o caso.
§1º O calendário vincula as partes e o juiz, e os prazos nele previstos somente serão modificados em casos excepcionais, devidamente justificados.

Destaque-se que a fixação de calendários, no início da tramitação dos procedimentos, é um relevante instrumento utilizado nos procedimentos arbitrais, não deveria depender de anuência das partes, uma das quais, pelo menos, sem grande interesse na celeridade processual.

Nos processos judiciais, o sistema informatizado deveria conter uma série de opções de calendários que seriam fixadas pelo Juiz, ou pela Direção da Secretaria, intimando-se de logo, preferencialmente, desde o ingresso no processo, as partes para toda a sequência de atos.

Tal estabelecimento de calendário, só alterável em situação de força maior, possibilitaria a agilização dos processos.

7.16 Outro dispositivo a merecer severas críticas é aquele referente à *contagem de prazos apenas em dias* úteis:

> Art. 219. Na contagem de prazo em dias, estabelecido por lei ou pelo juiz, computar-se-ão somente os dias úteis.
> Parágrafo único. O disposto neste artigo aplica-se somente aos prazos processuais.

Em uma época em que as principais atividades humanas são praticadas continuamente, sem "finais de semana", tal representa um elemento de alongamento dos prazos, absolutamente desnecessário. O acréscimo médio, com a "inovação" dos prazos, foi de 25%. Com os processos virtuais, as representações das partes têm acesso aos "autos" em qualquer dia e hora. A mudança foi um grande equívoco.

Algo relevante seria o obrigatório cadastro dos endereços eletrônicos dos advogados nos órgãos judiciais (com exceção de longínquas Comarcas, sem rede de computadores), para as quais seguiriam todas as comunicações processuais, presumindo-se o recebimento após um dia da entrega, quando começariam a fluir os prazos para eventuais impugnações, manifestações ou recursos.

7.17 Há uma gama de outros dispositivos merecedores de acesas críticas, só alguns foram aqui pinçados, por se entender serem mais gravosos.

Um deles a merecer especial referência é o que assegurou a manutenção da *figura da Remessa Necessária.*[106]

Esse instituto sofre bastantes críticas, sobretudo por ter sido objeto de grande ampliação quando da edição do 1º CPC federal (o

---

[106] Figura anteriormente entendida como RECURSO DE OFÍCIO, como referido por PONTES DE MIRANDA, nos *Comentários ao Código de Processo Civil* (de 1939), vol. V. Rio de Janeiro: forense, p. 65: O recurso de ofício atende à política jurídica do duplo exame, a despeito da inércia, ou em certos casos interesse contrário das partes. Prima o interesse social ou do Estado. Há quem negue, por isso mesmo, que a devolução de ofício seja recurso, erro resultante de se sublinhar demasiado o elemento provocativo que há nos recursos. Seria só reexame mais sucintamente. A divergência é sem valor teórico ou prático porque a resposta depende de se incluir, ou não, no conceito de recurso de ofício ou necessário.
Nesse sentido, também lembrava João Claudino de Oliveira e Cruz: Embora o recurso *ex officio* não seja, a rigor, um recurso, no sentido propriamente jurídico, pois que nele não há o fator *interesse*, nem *prejuízo* nem *descontentamento*, é um recurso, porém, por imposição legal. (dos recursos no *Código de Processo Civil*. 2. ed. Rio de Janeiro: Forense, 1959, p. 12).

ARTUR CAVALCANTI, FRANCISCO CAVALCANTI
O NOVO CÓDIGO DE PROCESSO CIVIL – REFLEXÕES SOBRE UM EQUÍVOCO

Código de 1939) editado em plena ditadura Vargas, como estipulado foi em seu art. 822.[107]

Por outro lado, mesmo com as atenuações do CPC de 1973,[108] e as que foram objeto de sucessivas alterações durante a vigência daquele texto, o Novo CPC manteve o anacrônico instituto.

Bem destaca José Carlos Vieira Cavalcanti da Rocha ser esse um dos temas mais polêmicos do processo civil brasileiro, destacando, ainda, com precisão:

> Com a recente transformação do processo civil, a remessa necessária permaneceu no novo sistema estabelecido pelo CPC/15, mas com atuação mitigada por uma série de condicionantes que, de certa maneira, procuraram garantir maior efetividade na prestação jurisdicional e ampliar a paridade de armas entre a Fazenda Pública e seu litigante. Não obstante, essa manutenção, entende-se como incoerente o reexame obrigatório em plena era de um novo paradigma constitucional, que busca a efetivação dos direitos fundamentais, inclusive aqueles de origem processual. Portanto, reputa-se a remessa necessária como um

---

[107] CPC de 1939:
Art. 822. A apelação necessária ou *ex-officio* será interposta pelo juiz mediante simples declaração na própria sentença. *(Redação dada pelo Decreto-Lei nº 4.565, de 1942).*
Parágrafo único. Haverá apelação necessária: *(Incluído pelo Decreto-Lei nº 4.565, de 1942).*
I - das sentenças que declarem a nulidade do casamento; *(Incluído pelo Decreto-Lei nº 4.565, de 1942).*
II - das que homologam o desquite amigável; *(Incluído pelo Decreto-Lei nº 4.565, de 1942).*
III - das proferidas contra a União, o Estado ou o Município. *(Incluído pelo Decreto-Lei nº 4.565, de 1942)*

[108] CPC de 1973:
Art. 475. *Está sujeita ao duplo grau de jurisdição,* não produzindo efeito senão depois de confirmada pelo tribunal, a sentença: (Redação dada pela Lei nº 10.352, de 12.2001)
I - proferida contra a União, o Estado, o Distrito Federal, o Município, e as respectivas autarquias e fundações de direito público; (Redação dada pela Lei nº 10.352, de 26.12.2001)
II - que julgar procedentes, no todo ou em parte, os embargos à execução de dívida ativa da Fazenda Pública (art. 585, VI). (Redação dada pela Lei nº 10.352, de 26.12.2001)
§1º Nos casos previstos neste artigo, o juiz ordenará a remessa dos autos ao tribunal, haja ou não apelação; não o fazendo, deverá o presidente do tribunal avocá-los. (Incluído pela Lei nº 10.352, de 26.12.2001)
§2º Não se aplica o disposto neste artigo sempre que a condenação, ou o direito controvertido, for de valor certo não excedente a 60 (sessenta) salários mínimos, bem como no caso de procedência dos embargos do devedor na execução de dívida ativa do mesmo valor. (Incluído pela Lei nº 10.352, de 26.12.2001)
§3º Também não se aplica o disposto neste artigo quando a sentença estiver fundada em jurisprudência do plenário do Supremo Tribunal Federal ou em súmula deste Tribunal ou do tribunal superior competente. (Incluído pela Lei nº 10.352, de 26.12.2001)

instrumento anacrônico que não deveria mais fazer parte do ordenamento jurídico nacional.[109]

Estabelece o novo CPC:

Art. 496. Está sujeita ao duplo grau de jurisdição, não produzindo efeito senão depois de confirmada pelo tribunal, a sentença:
I - proferida contra a União, os Estados, o Distrito Federal, os Municípios e suas respectivas autarquias e fundações de direito público;
II - que julgar procedentes, no todo ou em parte, os embargos à execução fiscal.
§1º Nos casos previstos neste artigo, não interposta a apelação no prazo legal, o juiz ordenará a remessa dos autos ao tribunal, e, se não o fizer, o presidente do respectivo tribunal avocá-los-á.
§2º Em qualquer dos casos referidos no §1º, o tribunal julgará a remessa necessária.
§3º Não se aplica o disposto neste artigo quando a condenação ou o proveito econômico obtido na causa for de valor certo e líquido inferior a:
I - 1.000 (mil) salários-mínimos para a União e as respectivas autarquias e fundações de direito público;
II - 500 (quinhentos) salários-mínimos para os Estados, o Distrito Federal, as constituam capitais dos Estados;
III - 100 (cem) salários-mínimos para todos os demais Municípios e respectivas autarquias e fundações de direito público.
§4º Também não se aplica o disposto neste artigo quando a sentença estiver fundada em:
I - súmula de tribunal superior;
II - acórdão proferido pelo Supremo Tribunal Federal ou pelo Superior Tribunal de Justiça em julgamento de recursos repetitivos;
III - entendimento firmado em incidente de resolução de demandas repetitivas ou de assunção de competência;
IV - entendimento coincidente com orientação vinculante firmada no âmbito administrativo do próprio ente público, consolidada em manifestação, parecer ou súmula administrativa.[110]

---

[109] CAVALCANTI DA ROCHA, José Carlos da Costa Vieira. A Remessa Necessária: Análise à luz dos princípios constitucionais e do Código de Processo civil. *In: Revista Direito e Liberdade – ESMARN*, Natal, vol. 20, n. 03, p. 113-148, set./dez. 2018, p. 113.

[110] São dispositivos como esse que levaram o jurista português José Manoel Sérvulo Correia, após densa análise do modelo de Jurisdição brasileiro, a apresentá-lo como de jurisdição mais formal que real (*Direito do Contencioso Administrativo*. Lisboa: LEX, 2005 – tratando do direito brasileiro das fls. 193 a 285).

A permanência da *remessa oficial* no projeto do novo CPC é, como destacado, um anacronismo, justificava-se como exceção ou ponderação ao princípio da isonomia pela pretensa proteção ao interesse público, representado pela defesa dos interesses da Fazenda Pública e das pessoas de direito público em geral,[111] criado em quadro fático não mais existente: em época em que os meios de comunicação e a precariedade das comunicações processuais poderiam levar a prejuízos irreparáveis aos entes públicos, o que não é, evidentemente, a realidade dos dias atuais.

Destaque-se que hodiernamente, como aqui examinado, os direitos patrimoniais disponíveis, mesmo de elevado valor, podem ser objeto, como destacado, de arbitragem.

Não se olvide, por outro lado, que mesmo ainda na vigência do CPC de 1973 consolidou-se posicionamento de inexistir, necessariamente, interesse público a justificar a atuação do Ministério Público, independentemente do valor, mitigando-se a interpretação do ora revogado estatuto processual. A participação do Ministério Público,

---

[111] Pertinente as observações de Elpídio Donizetti: O reexame necessário foi, ou melhor, ainda é, alvo de pesadas críticas pela doutrina, uma vez que reflete um privilégio da Fazenda Pública totalmente dispensável. Alfredo Buzaid, mentor do Código de Processo Civil de 1973, já lutava pela extinção desse instituto desde o Código de 1939. Na obra *Da apelação ex officio no sistema do Código de Processo Civil*, publicada em 1951, o ilustre doutrinador defendia a desnecessidade de se manter esse instrumento de defesa do fisco, posto que, nem histórica, nem cientificamente, se justificava a manutenção no sistema do direito processual civil de 1939. Buzaid ainda tentou excluir esse instituto da legislação processual quando elaborou o anteprojeto do Código de 1973. Infelizmente não obteve o apoio necessário para expurgar esse privilégio desarrazoado e "anti-isonômico". Atualmente, o que se observa é uma advocacia pública bem estruturada, com condições para recorrer de todas as decisões opostas aos interesses da Fazenda Pública. Nesse contexto, submeter ao duplo grau de jurisdição as sentenças que lhe são contrárias é algo totalmente fora de propósito, sobretudo em face da morosidade processual que acomete o direito brasileiro. Não foi por outra razão que os arts. 13 da Lei nº 10.259/2001 e 11 da Lei nº 12.153/2009, que tratam, respectivamente, dos Juizados Especiais Cíveis e Criminais no âmbito da Justiça Federal e Juizados Especiais da Fazenda Pública no âmbito dos Estados, do Distrito Federal, dos Territórios e dos Municípios, proibiram, expressamente, o reexame necessário nas causas dos respectivos juizados, porquanto, tendo em vista o pequeno valor limite para a competência, deve prevalecer a simplicidade e a celeridade processual. Pouco tempo depois da edição da Lei dos Juizados Especiais Cíveis e Criminais no âmbito da Justiça Federal, o legislador tratou de restringir o cabimento da remessa necessária em todos os casos em que o valor da condenação ou do litígio não ultrapassava sessenta salários mínimos, ou, ainda, quando fossem procedentes os embargos do devedor na execução de dívida ativa do mesmo valor (art. 475, §2º, do CPC/1973). A inovação mais marcante da Lei nº 10.352/2001, que alterou o CPC de 1973, foi afastar o reexame quando a sentença estivesse em consonância com jurisprudência do plenário do STF ou com súmula de tribunal superior (art. 475, §3º, CPC/1973). No anteprojeto do novo CPC uma das propostas era a extinção da remessa necessária. Apesar de não ter havido adesão de parte da bancada legislativa (DONIZETTI, Elpídio. *Remessa necessária* (art. 496, CPC/2015), disponível em: http://genjuridico.com.br/2017/08/23/remessa-necessaria-art-496-cpc2015.

mesmo em procedimentos especiais como os de natureza mandamental, pode conter, tão somente referência do *parquet* quanto à não existência de interesse público primário.[112]

Observe-se que, por inúmeras razões, essa ideia de correspondência entre interesse da Fazenda Pública e interesse público vem corretamente sendo superada, tanto assim o é que a arbitragem é possível em se tratando de direito patrimonial disponível, inclusive dos entes públicos, sem os limites de valores referidos neste CPC.

Não há paridade de armas entre o Particular e a Fazenda Pública em suas atuações em Juízo.

Por outro lado, repita-se que hoje, pacificamente, o Ministério Público não é instado a se manifestar em demandas de natureza patrimonial da Fazenda Pública, nem em execuções fiscais.

É, de outra banda, uma inaceitável incoerência entender-se que nas grandes arbitragens envolvendo a Administração Pública, instância única seja o padrão, enquanto nos processos ordinários judiciais, excluídos aqueles de menor valor, a remessa obrigatória permaneça como regra. Se a questão é de confiabilidade dos órgãos de representação, tal poderia ser suprida com imediata comunicação interna dos ajuizamentos, valores e dos julgamentos. Criam-se redomas de excelência na grande maioria dos casos.

7.18 Outro dispositivo merecedor de ressalvas é o que dispõe sobre as denominadas *turmas ampliadas* dos tribunais como instrumento para conclusão de julgamentos não unânimes:

> Art. 942. Quando o resultado da apelação for não unânime, o julgamento terá prosseguimento em sessão a ser designada com a presença de outros julgadores, que serão convocados nos termos previamente definidos no regimento interno, em número suficiente para garantir a possibilidade de inversão do resultado inicial, assegurado às partes e a eventuais terceiros o direito de sustentar oralmente suas razões perante os novos julgadores.
> §1º Sendo possível, o prosseguimento do julgamento dar-se-á na mesma sessão, colhendo-se os votos de outros julgadores que porventura componham o órgão colegiado.
> §2º Os julgadores que já tiverem votado poderão rever seus votos por ocasião do prosseguimento do julgamento.
> §3º A técnica de julgamento prevista neste artigo aplica-se, igualmente, ao julgamento não unânime proferido em:

---

[112] Nesse sentido RESP nº 9.279 do STJ.

I - ação rescisória, quando o resultado for a rescisão da sentença, devendo, nesse caso, seu prosseguimento ocorrer em órgão de maior composição previsto no regimento interno;

II - agravo de instrumento, quando houver reforma da decisão que ar parcialmente o mérito.

§4º Não se aplica o disposto neste artigo ao julgamento:

I - do incidente de assunção de competência e ao de resolução de demandas repetitivas;

II - da remessa necessária;

III - não unânime proferido, nos tribunais, pelo plenário ou pela corte especial.

Esse dispositivo surgiu como uma tentativa de "substituição" dos embargos infringentes previstos no CPC de 1973, aquele já apresentando uma feição mais restritiva, no comparativo com o modelo do CPC de 1939, que os previa também na hipótese de embargos de nulidade. Saliente-se, na esteira da melhor doutrina, que tal previsão é apenas uma técnica de conclusão de julgamento, não representando espécie recursal.

Sem dúvida um grande equívoco, nem atendeu à proposta de pacificação de conflitos e não aprimorou os julgamentos.

7.19 Dispunha o CPC de 1973:

> Art. 530. Cabem embargos infringentes quando o acórdão não unânime houver reformado, em grau de apelação, a sentença de mérito, ou houver julgado procedente ação rescisória. Se o desacordo for parcial, os embargos serão restritos à matéria objeto da divergência. (Redação dada pela Lei nº 10.352, de 26.12.2001)
>
> Art. 531. Interpostos os embargos, abrir-se-á vista ao recorrido para contrarrazões; após, o relator do acórdão embargado apreciará a admissibilidade do recurso. (Redação dada pela Lei nº 10.352, de 26.12.2001)
>
> Art. 532. Da decisão que não admitir os embargos caberá agravo, em 5 (cinco) dias, para o órgão competente para o julgamento do recurso. (Redação dada pela Lei nº 8.950, de 13.12.1994)
>
> Art. 533. Admitidos os embargos, serão processados e julgados conforme dispuser o regimento do tribunal. (Redação dada pela Lei nº 10.352, de 26.12.2001)
>
> Art. 534. Caso a norma regimental determine a escolha de novo relator, esta recairá, se possível, em juiz que não haja participado do julgamento anterior. (Redação dada pela Lei nº 10.352, de 26.12.2001)

O texto de 1973, durante sua vigência, chegou a ser objeto de reformas no sentido de limitar sua aplicação. Criando-se a vedação na hipótese de dupla conformidade e nas hipóteses de ações mandamentais etc.[113]

As queixas sobre os problemas decorrentes da utilização de embargos infringentes sempre foram ligadas ao elemento temporal. Em época de tribunais abarrotados de processos, qualquer recurso adicional significaria, e significa, um alongamento temporal dos processos. Parte-se de um pressuposto técnico equivocado. O ato judicial coletivo é uno, quer represente a unanimidade do posicionamento do colegiado, quer tenha sido formado pelo posicionamento da maioria de seus membros. Uma decisão turmária do STF, quer tenha sido proferida pela unanimidade de seus cinco membros, quer por quatro a um; ou três a dois.

Várias possibilidades surgiram durante os trabalhos de elaboração do texto processual no Congresso Nacional, dentre elas a mera supressão dessa hipótese recursal. O que seria o mais razoável, sobretudo quando o expediente da *turma ampliada tem-se evidenciado como inútil, inclusive sob o aspecto científico.*

7.20 Observe-se que o texto do novo CPC, no tocante ao alargamento turmário, teve suas hipóteses de cabimento objeto de várias restrições. Mais simples seria a mera supressão da figura, até porque não há pacificação entre as várias turmas com essa técnica e a prática demonstra que resulta em alongamento dos julgamentos; e faticamente esses "alongamentos" não representam aprimoramento dos julgados, inclusive porque, na prática, os novos juízes que não assistiram aos debates desde o início julgam com menor riqueza de detalhes.

Por outro lado, observa-se o seguinte, exemplificando com um importante Tribunal Regional Federal – o da 5ª Região, mas com apenas quatro turmas de três membros, duas se reunindo às terças-feiras e duas às quintas-feiras. A convocação de dois membros adicionais, no máximo, possibilita que os membros de dois pares de turmas evidenciem um posicionamento uniforme, mas não representará o posicionamento da Corte. As divergências persistirão.

---

[113] Observem-se as alterações introduzidas na redação original do CPC pela Lei nº 10.352, de 26.12.2001:
DOS EMBARGOS INFRINGENTES
Art. 530. Cabem embargos infringentes quando o acórdão não unânime houver reformado, em grau de apelação, a sentença de mérito, ou houver julgado procedente ação rescisória. Se o desacordo for parcial, os embargos serão restritos à matéria objeto da divergência Também se de ressaltar do não cabimento, à época, em sede de mandado de segurança, conforme entendimento sumulado do STF:
Súmula 294: São inadmissíveis embargos infringentes contra decisão do Supremo Tribunal Federal em mandado de segurança.

Imagine-se a situação em um Tribunal de Justiça como o de São Paulo, de Minas Gerais, do Rio de Janeiro. As turmas ampliadas deveriam ser suprimidas. Um julgamento unânime, ou por maioria, tem o mesmo valor. Tanto assim o é que o Supremo Tribunal Federal não funciona em regime de turmas alargadas. Parece contradição.

Deve-se ter em conta a natureza jurídica do ato decisório turmário. Tal, tomando por empréstimo a doutrina administrativista, é *um ato colegiado, mas um ato uno, A MESCLA DE POSICIONAMENTOS NÃO O TORNA UMA DECISÃO DE "SEGUNDA CLASSE".* A supressão dessa técnica de julgamento daria mais agilidade aos processos, sem qualquer prejuízo.

7.21 O Superior Tribunal de Justiça traçou algumas linhas, servindo de moldura a essa nova técnica, que não representam uma nova espécie recursal, como salientado, apenas uma técnica de julgamento, que no máximo possibilitará uma aproximação do posicionamento de dois órgãos fracionários.

Veja-se o Recurso Especial nº 1.771.815 - SP (2018/0232849-4):

EMENTA: RECURSO ESPECIAL. PROCESSO CIVIL. AÇÃO DE PRES-TAÇÃO DE CONTAS. APELAÇÃO. CÓDIGO DE PROCESSO CIVIL DE 2015. JULGAMENTO NÃO UNÂNIME. TÉCNICA DE AMPLIAÇÃO DO COLEGIADO. ART. 942 DO CPC/2015. NATUREZA JURÍDICA. TÉCNICA DE JULGAMENTO. CABIMENTO. MODIFICAÇÃO DE VOTO. POSSIBILIDADE. NULIDADE. NÃO OCORRÊNCIA

Recurso especial interposto contra acórdão publicado na vigência do Código de Processo Civil de 2015 (Enunciados Administrativos nºs 2 e 3/STJ). Cinge-se a controvérsia a aferir, preliminarmente, se houve negativa de prestação jurisdicional. No mérito, *o propósito é definir a correta interpretação e a abrangência da técnica de ampliação de colegiado* na hipótese de julgamento não unânime, nos termos do art. 942 do CPC/2015. 3. Não há falar em negativa de prestação jurisdicional se o Tribunal de origem motiva adequadamente sua decisão, solucionando a controvérsia com a aplicação do direito que entende cabível à hipótese, apenas não no sentido pretendido pela parte. 4. No caso concreto, diante da *ausência de unanimidade no julgamento da apelação, foi aplicado, de ofício, o art. 942 do CPC/2015* a fim de ampliar o colegiado com a convocação de outros desembargadores. *Na continuidade do julgamento, um dos desembargadores alterou o voto anteriormente proferido* para negar provimento à apelação e manter a sentença, resultado que prevaleceu, por maioria. 5. *A técnica de ampliação do colegiado consiste em significativa inovação trazida pelo CPC/2015, tendo cabimento nas hipóteses de julgamento não unânime de apelação; ação rescisória,* quando o resultado for a rescisão da sentença; e *agravo de instrumento, quando houver reforma da decisão que julgou parcialmente o mérito*. 6. O art. 942 do CPC/2015 *não configura uma nova espécie recursal, mas, sim, uma técnica de julgamento, a ser aplicada de ofício*, independentemente de requerimento das partes, com o objetivo de aprofundar a discussão a respeito de controvérsia, de natureza fática ou jurídica, acerca da qual houve dissidência. 7. Constatada a ausência de unanimidade no resultado da apelação, é obrigatória a aplicação do art. 942 do CPC/2015, sendo que o julgamento não se encerra até o pronunciamento pelo colegiado estendido, ou seja, inexiste a lavratura de acórdão parcial de mérito. 8. Os *novos julgadores convocados não ficam restritos aos capítulos ou pontos sobre os quais houve inicialmente divergência*, cabendo-lhes a apreciação da integralidade do recurso. 9. O prosseguimento do julgamento com quórum ampliado em caso de divergência tem por objetivo a qualificação do debate, assegurando-se oportunidade para a análise aprofundada das teses jurídicas contrapostas e das questões fáticas controvertidas, com vistas a criar e manter uma jurisprudência uniforme, estável, íntegra e coerente. 10. Conforme expressamente autorizado pelo art. 942, §2º, do CPC/2015, *os julgadores que já tenham votado podem modificar o seu posicionamento*. 11. Não cabe a esta Corte Superior reexaminar as premissas fáticas sobre as quais se fundamentou o Tribunal local, a fim de verificar se houve efetivamente divergência, haja vista o óbice da Súmula nº 7/STJ. 12. Recurso especial não provido. ACÓRDÃO Vistos e relatados estes autos, em que são partes as acima indicadas, decide a Terceira Turma, por unanimidade, negar provimento ao recurso especial, nos termos do voto do(a) Sr(a). Ministro(a) Relator(a). Os Srs. Ministros Moura Ribeiro (Presidente), Nancy Andrighi e Paulo de Tarso Sanseverino votaram com o Sr. Ministro Relator. Ausente, justificadamente, o Sr. Ministro Marco Aurélio Bellizze. Brasília (DF), 13 de novembro de 2018(Data do Julgamento).

Parâmetros se extraem desse acórdão doutrinal:

1 - A aplicação da técnica se faz de ofício;

2 - É possível aos julgadores que já proferiram votos alterá-los;

3 - Os novos julgadores convocados não ficam restritos aos capítulos ou pontos sobre os quais houve inicialmente divergência.

7.22 Esse último aspecto é bastante relevante e visa pacificar o posicionamento de Cortes que entendiam que a turma ampliada deveria limitar sua atuação aos pontos não unânimes. A posição do STJ nesse julgado reforça a tese de que a "turma alargada" é apenas uma técnica para aplicação em julgamentos inconclusos, em sendo assim, tanto os "novos" julgadores como os originais podem apreciar ou (re)apreciar tópicos decididos, uma vez que o julgamento não se perfez.

A prática forense dos últimos anos demonstra que a figura da *"turma ampliada"* não foi, com todas as vênias, uma adequada solução para resolver a questão da não unanimidade.

O seu funcionamento tem vários percalços, alguns práticos, como o fato de os julgadores convocados não terem participado da discussão turmária inicial e muitas vezes as manifestações desses novos magistrados são bem mais superficiais.

Observe-se que, em alguns Tribunais, chega-se a entender prescindível na sessão de continuidade a presença dos vogais que já votaram.[114]

7.23 Por outro lado, ressalte-se que em nada contribuiu para uniformização de jurisprudência, considerando que uma enorme gama de outras turmas, ou câmaras, continuarão, em tese, a julgar de modo diverso.

O mais racional seria observar-se que o julgamento colegiado tem uma unidade, quer seja por maioria, quer seja por unanimidade. Não há desvalor do julgamento não unânime, apenas os argumentos utilizados no voto vencido podem, eventualmente, ser úteis ao hipotético recorrente.

Seria mais razoável, repita-se, simplesmente ter suprimido os embargos infringentes.

Inúmeros outros dispositivos poderiam ser aqui destacados para demonstrar que, ao invés da excessiva inserção de princípios e comandos genéricos, o "novo CPC" poderia e deveria ter rompido com velhos padrões, muito próprios dos autos em papel, possibilitando prazos comuns, com vistas simultâneas.

Poderia ainda ter previsto, com maior extensão, a existência de negócios jurídicos processuais, ampliando as execuções extrajudiciais,[115] ou seja, haveria, como há, muitos caminhos que, se enveredados,

---

[114] Tal fato, na prática, dificulta a possibilidade de revisão de votos, apesar de processualmente tal ser possível, nesse sentido, p. ex., posicionou-se o TRF da 1ª Região: O Plenário também aprovou, por maioria, incluir no artigo 67-A o §7º: *Para a realização das sessões ampliadas destinadas ao prosseguimento dos julgamentos não é imprescindível a presença dos vogais que já proferiram voto nos seus órgãos de origem.* (INSTITUCIONAL: TRF da 1ª Região realiza novas alterações no Regimento Interno. Disponível em: https://trf-1.jusbrasil.com.br/noticias/395366055/institucional-trf-da-1a-regiao-realiza-novas-alteracoes-no-regimento).

[115] Poder-se-ia transformar *o título* transitado em julgado em instrumento alienável, como representativo de um crédito líquido e certo, como as cédulas de crédito.
Seriam *cédulas de crédito judicial,* face a entes públicos e privados, capazes, p. ex., de quitar débitos para com o sujeito passivo da dívida, que fosse esse pessoa jurídica de direito público, ou de direito privado. Essas cédulas poderiam ser passíveis de registro junto aos Ofícios de Imóveis, onde o Devedor (se pessoa de direito privado) tivesse imóveis registrados, para posterior execução extrajudicial se não quitadas em sessenta dias.

levariam a procedimentos mais céleres, condutas mais éticas dos agentes do processo, supressão da cultura de beligerância e de resistência ao cumprimento da lei, não só pelas pessoas físicas e pelas pessoas jurídicas de direito privado, mas, também, pelos entes públicos refratários ao cumprimento das obrigações decorrentes até da própria Constituição.

7.24 Aperfeiçoamentos poderiam ter ocorrido, por exemplo, com a possibilidade de *astreintes* em relação a autoridades públicas, ou dirigentes de empresas privadas refratárias ao cumprimento de decisões judiciais.[116]

Por outro lado, a reestruturação da figura do crime de desobediência também seria ou será de grande importância.

Essas duas figuras poderiam ter grande relevo no cumprimento das obrigações, considerando os seguintes aspectos:

a) As pessoas jurídicas são "ficções", ora, se os responsáveis, os dirigentes das pessoas de Direito Público, ou Privado, fazem a opção de resistir ao comando judicial *transitado em julgado*, devem assumir o ônus patrimonial e financeiro por esse ato ilícito. Tal modificação motivaria esses dirigentes ao cumprimento da lei.

b) Em países como a Grã-Bretanha e os Estados Unidos da América, a figura da desobediência enquadra-se como uma espécie do ilícito *contempt of Court*.[117] No caso norte-americano, esse tipo está expresso não só em legislações dos estados-membros, mas no principal diploma criminal federal.[118]

Além disso, a incorporação de técnicas a partir de instrumental oriundo de outras ciências, como a informática, teria contribuído para que os processos não se tornassem digitais com *alma de processos físicos*.

Alguns exemplos poder-se-iam citar:

a) A ampliação das pautas eletrônicas, adredemente elaboradas;

---

[116] Observe-se, no caso francês, tal explícita previsão, desde julho de 1985, em relação às autoridades públicas.

[117] Adam Hayes bem sintetiza o tipo:
Contempt of court is an act of disrespect or disobedience towards a judge or court's officers or with its orderly process. ... is commited with the required degree of criminal intent. (Contempt of court – disponível em: Investopedia.com economy>government & police).

[118] 18 U.S. Code title 18 - CRIMES AND CRIMINAL PROCEDURE:
§401-
(1)
(2)
(3) Desobedience or resistence ot its lawful writ, process, order, rule, decree, or command.
O tipo é extremamente abrangente e simples, diferentemente do caso brasileiro, onde tem-se uma verdadeira "jurisprudência de atenuação" em relação à figura da desobediência.

b) Prazos comuns, inclusive para recursos, considerando que se *recorre do ato judicial* e não das alegações da parte adversa. O prazo poderia ser comum para recurso e defesa do ato. O vencedor tão somente depositaria memorial para defesa do ato.

c) O reforço à utilização dos atos decisórios de ofício, devidamente fundamentados.

d) Além disso, relevante seria a mudança de cultura judicial no tocante a enrijecer-se as sanções em relação às atuações de má-fé, sob qualquer forma.

e) As custas progressivas e o estabelecimento de multas recursais, em relação aos recursos não ordinários (para os tribunais superiores).

f) A aprovação de um cadastro de advogados punidos com litigância de má-fé, possibilitando, face à reincidência, o afastamento temporário da profissão.

CAPÍTULO VIII

ESTATÍSTICAS QUE
CONTRARIAM PROCESSUALISTAS

8.1 Neste capítulo procurar-se-á fazer uma breve análise de dados estatísticos constantes dos relatórios do CNJ como elemento demonstrativo do que aqui se pretendeu expor ao longo deste texto. Ou seja, quanto à retórica do Novo CPC apresentou-se, majoritariamente, como uma infrutífera tentativa de aperfeiçoamento do sistema processual brasileiro.

Destaca-se, aí, um grave erro na formação do jurista brasileiro, isolado em seu mundo, muitas vezes apresenta soluções para problemas, sem pesquisas de campo, sem bases estatísticas, só com base em ideias e pensamentos de outros tantos juristas, naquele afastamento da realidade destacado por Richard Posner, na obra aqui já referida e que serviu de inspiração para este trabalho.

Os números demonstram baixíssima evolução no tocante à redução de demandas e na longevidade dos processos cíveis no Brasil após a edição do "Novo CPC", ocorrida há cinco anos, lapso de tempo suficiente para a mudança de perfil e a agilização dos processos.

Em relação à redução, quando ocorrente, neste intervalo de tempo, como no caso das demandas trabalhistas, tal deveu-se, sobretudo, a fatores externos, não jurídicos, como se tentará demonstrar mais adiante.

Pode-se seguir destacando que a *conciliação* não evoluiu após a entrada em vigor do Novo Código de Processo Civil, apesar da previsão da audiência prévia de conciliação.

Vejam-se alguns dados:

Em 2015, o índice de conciliação na fase de conhecimento (em 1º grau) era de 17,2%, em 2016 de 17,0%, em 2017 de 17,1% e em 2018 de 16,7% (ou seja, não houve qualquer evolução na série). Já na fase de conhecimento no 2º grau, o percentual de conciliações que em 2015 era de 11,1%, chega a 2018 com 11,5% (variação desprezível).

Nas execuções, o percentual de conciliação de 3,5% em 2015 se mantém desde 2017 em 6,0%. No total os índices de conciliação que em 2016 alcançaram 11,9%, em 2017, recuaram para 11,5%.[119]

Em verdade, o maior percentual de conciliação está presente em litígios onde é patente a diferença econômica entre as partes, como nas relações trabalhistas, nas quais a maioria dos trabalhadores não tem condições de suportar a longevidade das ações, ou nas relações de consumo, onde para as Empresas, regra geral, ofertas de pagamentos parciais são aceitas, evitando-se longevos processos em juizados abarrotados. Tal situação robusteceu-se a partir da implantação da chamada "reforma trabalhista", que implicou redução de direitos individuais e coletivos e maior ônus processual ao se demandar.

8.2 Isso se comprova a partir dos dados relevantes publicados pelo CNJ, que demonstram a redução de demandas trabalhistas e apontam ser o maior percentual de conciliações o da Justiça do Trabalho, alcançando 39%, considerando-se apenas a fase de conhecimento do 1º grau.

Entende-se que tal se explica inclusive pela hipossuficiência da maioria dos Reclamantes para os quais a longevidade processual é um pesadíssimo fardo.

Os dados, constantes dos relatórios, tanto no modo sintético quanto no analítico, disponíveis para fins de comparação no site daquele Conselho, desde 2005 até 2019, são bastante elucidativos e comportam um profundo exame, inclusive com a utilização de profissionais de áreas como estatística, informática, algo ao qual o profissional de Direito, regra geral, não tem grande abertura, enclausurando-se em seu mundo jurídico, quando esse se mostra, evidentemente, insuficiente para análise e solução das grandes questões.

8.3 A análise comparativa de tais números ano a ano demonstra a grande imobilidade da massa de processos existentes no Judiciário brasileiro. A pequena variação existente, circunstancial, não tem grande relevo.

Comparando os relatórios a partir de 2014 e 2015 (edição do Novo CPC) e os subsequentes, observa-se pouca mobilidade, decorrente de vários fatores, como a visão limitada e corporativa dos integrantes das carreiras jurídicas; o receio de perda de mercado de trabalho; a falta de visão interdisciplinar (o que ocorre desde os bancos acadêmicos);

---

[119] Fonte: *Relatório Justiça em Números* 2019 – CNJ, Brasília, p. 142.

a inexistência de mecanismos impositivos de sanções para litigantes habituais etc.

Como se verá adiante, por outro lado, a título de exemplo, litigar com o Fisco em geral, à espera de um dos corriqueiros programas de parcelamento, é economicamente um bom negócio, considerando a possibilidade de aplicação das provisões no mercado financeiro, com taxas mais altas. Para a empresa com capacidade de fazer provisão e aplicá-la no mercado financeiro, é mais vantagem postergar de modo controlado o pagamento de tributos e obrigações acessórias, a não ser que corra o risco de sanções outras como de natureza penal.[120]

Outras formas de coerção vão sendo criadas, quando convenientes, como meio indireto para compelir o contribuinte ao recolhimento de obrigações tributárias, como as restrições a participações em licitações e às decorrentes contratações com a Administração Pública.

8.4 Observem-se alguns dados do último relatório publicado pelo CNJ, de enorme relevo acerca da "expectativa de vida" dos processos judiciais no Brasil:

Em relação ao tempo médio de tramitação, perante os órgãos da Justiça Estadual ordinária, em fase de conhecimento e execução, no *1º grau*:

TJMG – CONHECIMENTO 2a e 3m EXECUÇÃO 3a e 5m = 5 anos e oito meses
TJPR - 1a e 9m / 5a e 2m = 6 anos e nove meses
TJSP - 1a e 4m / 6a e 2m = 7 anos e seis meses
TJRJ - 1a e 9m / 6a e 10m = 8 anos e sete meses
TJRS - 1a e 10m / 2a e 11m= 4 anos e nove meses
(a: ano / m: mês)

De acordo com o CNJ, os processo levam ainda, em média, nove meses no segundo grau, alcançando-se nas instâncias ordinárias a média de 1 ano e 4 meses na fase de conhecimento (1º grau) + 9 meses da 2ª instância + 5 anos e 11 meses na fase de execução, totalizando a média de cerca de *oito anos para satisfação do direito e solução da controvérsia, devendo-se adicionar o longevo período perante os tribunais superiores.*[121]

---

[120] Não se pode olvidar que como instrumento para compelir os empregadores ao recolhimento de obrigações previdenciárias houve a necessidade de criação de tipo penal específico – Art. 168-A do Código Penal, com a figura da *apropriação indébita tributária,* cuja constitucionalidade foi reconhecida pelo STF.

[121] *Relatório Justiça em Números* 2019 – CNJ, Brasília, p.154.

8.5 Enfim, há a necessidade de abertura para a interdisciplinaridade imprescindível para a modernização dos sistemas de solução de conflitos, sobretudo com a mais efetiva utilização da inteligência artificial, ao invés de se transformar os meios informáticos em meros instrumentos para neles ser lançado aquilo que o era através de meios físicos (papel).

Afinal os processos digitais devem ter uma dinâmica própria, compatível com vistas simultâneas, atuações concomitantes dos agentes etc. Não podem significar apenas processos de modelo escrito digitalizados.

8.6 O bacharel em Direito, regra geral, fruto de uma formação pouco afeita a exame de dados, evita análises, até por desconhecimento desse campo científico, para demonstrar a necessidade de efetiva atualização do Direito e, mais especificamente do Direito Processual e da sua subespécie – processo civil brasileiro, rompendo com padrões meramente jurídicos, com casulos interpretativos para verificar-se, à sombra da Constituição, caminhos para um sistema processual célere, ágil, justo, capaz de atender aos anseios daqueles vitimizados por quaisquer formas de violação de direito.

Observem-se a seguir:

ALGUNS DADOS DO CNJ (de 2019) COMENTADOS:
"Movimentação Processual - Pela primeira vez, o Relatório Justiça em Números indica que houve queda na quantidade de processos pendentes nos órgãos do Judiciário brasileiro. A redução do estoque indica que a Justiça solucionou mais processos que o número de ações ingressadas. O estoque de processos pendentes ao final de 2018, em todos os órgãos do Poder Judiciário, foi de *78.691.031* ações, o que representa queda de 1,2% em relação a 2017. O total de casos novos ingressados foi de 28.052.965 processos, o que aponta para redução de 1,9%. Por segmento de Justiça, destaca-se a redução em 861mil processos ingressados na Justiça do Trabalho. O aumento de 3,8%, no número de processos baixados, totalizando 31.883.392, também impactou na queda histórica do acervo. „. O número de processos pendentes de execução fiscal caiu 0,4% em 2018. Foi a primeira redução em dez anos, totalizando 31.068.336 processos sem baixa. Processos pendentes em queda Ao final de 2018, número de processos sem baixa era 1,2% menor que em 2017. Julgamento de processos antigos Prioridade na porta de entrada Prioridade na porta de entrada A demanda processual por servidor lotado no segundo grau de jurisdição superou a demanda do primeiro grau, porta de entrada de demandas na Justiça brasileira. O dado representa os primeiros resultados da Política Nacional de Atenção Prioritária ao Primeiro Grau de Jurisdição, iniciada pelo CNJ em 2014. O 1º grau de jurisdição

CAPÍTULO VIII
ESTATÍSTICAS QUE CONTRARIAM PROCESSUALISTAS | 133

concentra 94% do acervo processual. Em 2018, o percentual de servidores do Judiciário no 1º grau foi de 85,5% do total de servidores de 1º e 2º grau. Para atender à política judiciária, deveria seguir a proporção dos casos novos, ou seja, 86,6% ao considerar somente os processos no 1º e 2º grau. A carga de trabalho do servidor da área judiciária do 1º grau ainda é quase dobro do servidor do 2º grau: são 602 processos por servidor do 1º grau para 312, na segunda instância. Os cargos em comissão e as funções comissionadas destinadas ao primeiro grau ainda não estão equivalentes Julgamento de processos antigos. Os dados de tempo médio dos processos indicam que o Judiciário está conseguido solucionar os processos mais antigos. Os processos sem solução definitiva aguardam desfecho há, em média, 4 anos e 10 meses, valor que se tem reduzido ano após ano. Além disso, o tempo dos casos julgados e baixados cresceu, ou seja, foram julgados aqueles processos que estão parados há mais tempo e que são de mais difícil solução. Esse é importante efeito das Metas Nacionais, que, entre outras questões, determina priorização de resolução dos casos antigos por meio da Meta 2, em todos os segmentos. O tempo médio do acervo caiu de 5 anos e 6 meses em 2015 para *4 anos e 10 meses em 2018. O tempo médio até a sentença subiu de 1 ano e meio em 2015 para 2 anos e 2 meses em 2018. „. Nas Varas do Trabalho, o julgamento na fase de conhecimento é realizado em apenas 9 meses – mesma média dos Juizados Especiais Estaduais. Nos JEFs, a média é um pouco maior: 12 meses. „. No juízo comum, o tempo de julgamento nas Varas supera o tempo dos Juizados. Leva-se, em média, 1 ano e 10 meses para julgar um processo em fase de conhecimento nas varas federais e 2 anos e 4 meses nas varas estaduais. „. A execução é a fase mais demorada: são necessários, em média, 5 anos e 11 meses* para dar baixa a um caso em execução e, assim, dar fim ao processo" (FLS. 08 E 09 DO RELATÓRIO SUMÁRIO DE MOVIMENTAÇÃO PROCESSUAL DE 2019).

Algumas observações acerca desses dados:

8.7 Conforme destacado no início deste capítulo, *não houve redução expressiva no número de processos cíveis nos* últimos *cinco anos*. O número existente é de difícil redução sem transformações estruturais, tais como o aprimoramento e até modificações intensas nas formas procedimentais, típicas do sistema de processo físico. Além disso urge a quebra de paradigmas procedimentais ultrapassados, utilização mais intensa dos mecanismos decorrentes da inteligência artificial, maior previsibilidade das etapas de julgamento e redução dos gargalos. Os principais são: os recursos excessivos, a utilização de expedientes de procrastinação, a falta de efetividade nas sanções por litigância de má-fé, a ineficiência das medidas de cumprimento de sentença, o anacronismo das execuções em geral, especificamente face à Fazenda

Pública, e também nas execuções fiscais (o que leva a uma cultura de resistência dos devedores, no aguardo dos "periódicos e benevolentes" parcelamentos de débitos para com os entes públicos).

A referida redução de demandas trabalhistas destacada se deu, sobretudo, em função da presença de fatores inibidores das novas demandas introduzidos pela "reforma trabalhista", mormente no tocante à previsão de sucumbência. Ao lado disso, o enfraquecimento dos sindicatos é outro fator relevante, além do marasmo da atividade econômica estagnada, que desestimula o litígio, pelo risco inclusive de perda de posto de trabalho ou de recolocação. Difícil imaginar-se a propensão de ajuizamento de reclamações trabalhistas em momentos de crise, com poucas oportunidades no mercado de trabalho.

No tocante às execuções face à Fazenda Pública, não houve qualquer modificação minimamente expressiva. *Deveria ter havido, pelo menos, significativa alteração no teto dos RPVs, para o patamar de 500 salários mínimos*, o que abarcaria a grande maioria dos precatórios face à Fazenda Pública, alcançando, sobretudo, aqueles que não podem se valer de compensações tributárias.

Para facilitar a satisfação do direito lesado, entende-se que a transformação das sentenças em títulos de crédito judicial negociáveis protestáveis seria também um instrumento relevante para a satisfação de créditos e a agilização da reparação de danos.

Quase *setenta e nove milhões de processos* é um número dantesco, sobretudo quando se tem uma longevidade alargada até a conclusão dos feitos e satisfação daquele que teve seu direito violado.

Deve-se ressaltar, é verdade, que parte da sobrecarga do Judiciário brasileiro ocorre em função da deficiente atuação dos reguladores setoriais brasileiros, como ANATEL, ANEEL, ANP, ANVISA, dentre tantos outros, mesmo os não estruturados sob a forma de Agências Reguladoras, mas que atuam como órgãos de regulação setorial, como é o caso da Superintendência de Seguros Privados.

Pode-se utilizar como exemplo o número de ações referentes ao Seguro DPVAT (*O DPVAT é o seguro recolhido junto com a primeira parcela ou cota* única *do IPVA e foi instituído pela Lei nº 6.194/74 para garantir indenização por morte, invalidez permanente e despesas médicas a todos os envolvidos em acidente de trânsito, sejam pedestres, pessoas transportadas em outros veículos, passageiros do veículo*), que em setembro de 2019 alcançava 357.747 em todo o país. Sem dúvida, atuação mais efetiva da SUSEP faria o nível de demandas cair. Poder-se-ia, também, citar o grande número de demandas envolvendo o fornecimento de energia elétrica, planos de saúde, serviços de telefonia, dentre outros, matérias que poderiam, sem dúvida, ter índice de judicialização decrescente, com atuação mais eficiente dos reguladores.

8.8 Alguns outros dados relevantes podem ser extraídos e analisados do *Relatório de 2019*, do Conselho Nacional de Justiça, ressaltando-se alguns aspectos relevantes como o fato de a redução do número de processos trabalhistas ter-se dado em função dos mecanismos de inibição introduzidos pela "reforma trabalhista", sobretudo a sucumbência até então inexistente.

Ao lado disso, pode-se destacar a persistente crise econômica que assola o país, com índices de crescimento próximos de zero e, em setores como a indústria de transformação, com redução das atividades. Não se olvide que o crescimento econômico no Brasil tem se concentrado na área do "agronegócio, mecanizado e com pouca mão de obra e da exportação de *commodities* como ferro".

Por outro lado, atividades que mesmo modernizadas são grandes empregadoras, como a construção civil, encontram-se estagnadas. *Tudo isso, ainda sem contar os vindouros e desastrosos efeitos da pandemia de covid/coronavírus.*[122]

Salienta o relatório:

> Ao longo deste relatório foram apresentados os principais dados do Poder Judiciário, com informações detalhadas sobre o desempenho da Justiça, seus gastos e sua estrutura. É a primeira vez que o CNJ reúne uma década completa de dados estatísticos, com uso de metodologia de coleta de dados padronizada, consolidada e uniforme em todos os 90 tribunais. *O número de unidades judiciárias no primeiro grau reduziu em 514 varas e juizados especiais no ano de 2018 devido, principalmente, ao novo zoneamento na Justiça Eleitoral e à reestruturação realizada nos Tribunais de Justiça de São Paulo e do Rio Grande do Sul, atingindo 14.877 unidades judiciárias. Dos 5.570 municípios brasileiros, 2.702 (48,5%) são sedes de comarca na Justiça Estadual.* Todavia, é relevante pontuar que, apesar de as comarcas estarem situadas em um pouco menos da metade dos municípios brasileiros, elas abrangem 90,3% da população residente. Existem 588 municípios brasileiros localizados em região de fronteira, dos quais 258 (43,9%) são sede de comarca estadual. *As despesas totais do Poder Judiciário somaram R$ 93,7 bilhões*, o que representou decréscimo de 0,4% em relação ao último ano. Esse decréscimo foi ocasionado, especialmente, em razão da variação na rubrica das despesas com capital (-8,8%). As despesas com recursos humanos permaneceram próximas às do ano

---

[122] O crescimento da economia brasileira 2018-2023: Brasília, BNDES (abril 2018), disponível em: web.bndes.gov.br.

anterior. O estoque processual diminuiu em mais de um milhão de processos nos últimos dois anos (-1,4%). Esse resultado foi extremamente positivo, pois, até 2016, o aumento do acervo era recorrente. Em 2017 houve estabilização do estoque, culminando com a queda verificada em 2018. Os dados são reflexo do aumento no total de processos baixados, que atingiu o maior valor da série histórica no ano de 2018, além da redução dos casos novos. Assim, o Índice de Atendimento à Demanda no ano de 2018 foi de 113,7%, ou seja, foram solucionados 13,7% processos a mais que os ingressados. *Cabe pontuar que tal resultado decorre, em especial, do desempenho da Justiça do Trabalho, que praticamente manteve sua produtividade, em que pese a redução de 861 mil novos processos, ocasionando queda, somente neste segmento de justiça, de 656 mil casos pendentes. Constata-se que a redução nos processos pendentes ocorreu na fase de conhecimento*, etapa em que se faz o julgamento de mérito dos processos judiciais. Desconsiderados os processos de execução, o estoque obteve queda de -1,2 milhão (-3,3%). Tal fato foi observado nos dois últimos anos, pois de 2009 a 2016 os pendentes de conhecimento subiam, anualmente, a uma média de 4%. Muito embora *tenham ingressado 28,1 milhões de processos*, esse cálculo pode incorrer em duplicidade quando um mesmo processo, no mesmo ano, é iniciado em instâncias e fases distintas. É o caso, por exemplo, de um processo que ingressa na fase de conhecimento de 1º grau e, no mesmo ano, submete recurso ao 2º grau e inicia a execução judicial na primeira instância. Se forem consideradas apenas as ações originárias dos tribunais, os processos de conhecimento e as execuções extrajudiciais, chega-se ao quantitativo de 19,5 milhões de processos protocolados no Judiciário em 2018. *Os resultados alcançados em 2018 decorrem da redução de 1,9% no quantitativo de processos ingressados associado ao aumento da produtividade, em 3,8%.* Durante o ano de 2018, ingressaram 28,1 milhões processos e foram finalizados 31,9 milhões, ou seja, 13,7% a mais que os casos novos. Foi a primeira vez, na última década, que todos os segmentos de justiça conseguiram obter um Índice de Atendimento à Demanda maior que 100%, ou seja, com mais processos baixados que ingressados. *Na Justiça do Trabalho, em especial, o fato ocorreu em todos os 24 Tribunais Regionais.* Apesar da redução de 53 juízes no ano de 2018, houve aumento no número de processos baixados e, consequentemente, elevação da produtividade média dos magistrados em 4,2%, atingindo o maior valor da série histórica observada, com índice de 1.877. Considerando apenas os dias úteis do ano de 2018, e sem considerar existência de períodos de férias e recessos, tal valor implica na solução de aproximadamente 7,5 processos ao dia. O Índice de Produtividade dos Servidores da Área Judiciária cresceu 2,9%, o que significa uma média de quatro casos a mais baixados por servidor em relação à 2017. O aumento da produtividade ocorreu de forma coordenada, pois foi verificada em ambos os graus de jurisdição. Esse esforço culminou em uma taxa de congestionamento de 71,2%, superior apenas à taxa do ano de 2009. Aproximadamente 29% de todos os processos que tramitaram foram solucionados. Desconsiderando os casos que estão suspensos, sobrestados ou em arquivo provisório aguardando alguma situação jurídica futura, *a taxa de congestionamento líquida reduziu para 67% (4,2 pontos percentuais a menos que a taxa bruta)*.[123] É relevante esclarecer que nem todos os processos que tramitam em um ano estão aptos a serem baixados, em razão da existência de prazos legais, da necessidade de *aguardar pagamento de precatórios* ou de acordos homologados, entre outras diversas situações jurídicas possíveis. *No primeiro grau de jurisdição está o maior volume processual, com 93,9% dos casos pendentes, 84,1% dos casos novos, 84% dos servidores da* área *judiciária e 86,1% dos magistrados.* Há de se destacar, no entanto, a evolução dos dados estatísticos desde o início da Política Nacional de Priorização do 1º Grau, em especial quanto à Resolução CNJ 219/2016, que é acompanhada por meio das informações remetidas pelos tribunais pelo Sistema Justiça em Números. Pela primeira vez, desde 2009, a demanda processual por servidor de 2º grau superou a demanda por servidor de 1º grau. Apesar dessa grande evolução, é relevante esclarecer que na carga de trabalho, ao considerar o estoque de processos em trâmite, os índices medidos nas varas e nos juizados ainda correspondem a quase o dobro dos aferidos nos gabinetes dos tribunais. Em 2019 foi lançado o Painel de Acompanhamento da Política Nacional de Priorização do 1º Grau, como ferramenta de transparência e publicidade das informações que são enviadas pelos Tribunais ao CNJ. No painel é possível identificar os tribunais que estão com a força de trabalho equalizada, e em caso negativo, o quantitativo necessário de servidores que devem ser transferidos entre os graus de jurisdição. O mesmo é feito com os valores dos cargos em comissão e das funções comissionadas destinados à cada instância. A Resolução também determina o limite máximo de servidores atuando na área administrativa (30%), sendo possível verificar o cumprimento do dispositivo por meio da ferramenta interativa. As informações estão disponíveis no link https://paineis.cnj.jus.br. *A taxa de congestionamento do 1º grau permanece, no geral, superando a do 2º grau, com uma diferença de 21 pontos percentuais (73% no 1º grau e 52% no 2º grau). A conciliação, política permanente do CNJ desde 2006, apresenta lenta evolução. Em 2018 foram 11,5% de processos solucionados via conciliação. Apesar de o novo Código de Processo Civil (CPC) tornar obrigatória a realização de audiência prévia de conciliação e mediação, em três anos o* índice *de conciliação cresceu apenas 0,5 ponto*

---

[123] Obs.: a taxa de congestionamento de 67% que vem sendo mantida impossibilitará a redução do número de processos, a não ser com mudanças não só procedimentais, como estruturais e culturais.

percentual. O dado positivo é o crescimento na estrutura dos CEJUSCs em 66,4% em três anos - em 2015 eram 654 e em 2018, 1.088. Já a política do CNJ de incentivo à virtualização dos processos judiciais tem registrado enormes avanços na informatização dos tribunais a cada ano. A Resolução CNJ 185/2013, que instituiu o Sistema Processo Judicial Eletrônico (PJe) como sistema de processamento de informações e prática de atos processuais, impactou significativamente o percentual de processos autuados eletronicamente, que passou de 30,4% em 2013 para 83,8% em 2018. No capítulo inédito contendo as análises das competências das unidades judiciárias da Justiça Estadual, verifica-se a existência de uma grande quantidade de juízos únicos, tendo 33,6% dos municípios brasileiros providos com apenas uma vara. Cerca de 66% das unidades judiciárias são de juízo único ou de competência exclusiva cível ou criminal. As demais são exclusivas ou atuam com outras competências. Com relação à especialização das unidades judiciárias, as varas exclusivas de execução fiscal ou fazenda pública apresentam quase 6 mil processos baixados por vara e 54 mil processos em tramitação por vara, totalizando 92% do total de processos de execução fiscal em tramitação na Justiça Estadual. As varas exclusivas de infância e juventude, família e violência doméstica destacam-se por apresentar taxas de congestionamento inferiores às taxas das varas exclusivas cíveis. *Os tempos médios decorridos entre a inicial até a sentença e entre a inicial até a baixa cresceram nos* últimos *três anos, ficando em 2018, em 2 anos e 2 meses, e 3 anos, respectivamente.*[124] Já o tempo dos processos pendentes diminuiu nos últimos quatro anos, atingindo 4 anos e 10 meses em 2018. Esse resultado significa que o Judiciário foi capaz de solucionar casos mais antigos, o que está em consonância com a Meta Nacional nº 2. Outro dado de destaque é que as maiores faixas de duração processual estão concentradas no tempo do processo pendente, em específico na fase de execução da Justiça Federal (8 anos e 1 mês) e da Justiça Estadual (6 anos e 2 meses). Ao desconsiderar os processos suspensos por Repercussão Geral ou Recursos Repetitivos, o tempo médio do acervo reduz de 4 anos e 10 meses para 3 anos e 8 meses. Neste relatório se verificou o maior IPM – Índice de Produtividade dos Magistrados – de toda a série histórica de mensuração do índice, iniciada em 2009. É dizer, em 2018, os magistrados brasileiros apresentaram sua melhor produtividade nos últimos dez anos. Outro sinal alvissareiro diz respeito ao primeiro registro, na história, de baixa do acervo de

---

[124] O direito não resiste aos fatos, nem a retórica os supera. De concreto, se observa que o novo CPC não teve como consequência a redução do "delay", da morosidade judicial. Ao contrário, os processos se alongaram temporalmente. Esses cinco anos passados demonstram que verdadeira modificação no processo civil não poderiam se limitar aos enunciados teóricos presentes. A ideia de Instrumentalidade, embora enunciada, não foi concretizada.

processos de execução fiscal no Brasil. *As ações de execução fiscal ainda representam 1/3 de todos os processos que tramitam no Poder Judiciário.*

Pode-se afirmar com Cannaris que o direito não resiste aos fatos, nem a retórica os supera. De concreto, se observa que o novo CPC não teve como consequência a redução do *delay*, da morosidade judicial. Ao contrário, os processos se alongaram temporalmente. Esses cinco anos passados demonstram que verdadeira modificação no processo civil não poderia se limitar aos enunciados teóricos presentes. A ideia de instrumentalidade, embora enunciada, não foi concretizada.

Um dos fatores que levam grandes devedores a retardar o pagamento de seus débitos, esgotando todos os recursos processuais e tentando procrastinar ao máximo o cumprimento das obrigações, é *a "certeza" dos sucessivos planos de parcelamento que vêm sendo há muitos anos "reeditados" pelo Tesouro Nacional.*

Observe-se só o intervalo temporal entre 2000 e 2017, no texto de Diogenys de Freitas Barboza:

Para efeito de conhecimento, vale destacar um pequeno histórico dos parcelamentos federais que já foram instituídos pelo governo federal

(continua)

Refis	Características
Programa de Recuperação Fiscal (Lei nº 9.964/2000)	Regularização dos créditos da União, decorrentes de débitos de pessoas jurídicas, relativos a tributos e contribuições administrados pela Secretaria da Receita Federal e pelo Instituto Nacional do Seguro Social.
Lei nº 10.684/2003	Instituiu parcelamento especial de débitos em até 180 meses para todos os débitos com a Fazenda Nacional (SRF e PGFN).
Medida Provisória nº 303/2006	Instituiu parcelamento especial de débitos em até 130 prestações mensais e sucessivas para os débitos de pessoas jurídicas junto à RFB, à PGFN e ao INSS.
Lei nº 11.941/2009 (conversão da MP nº 449/2008) – Refis da Crise	Permitia o parcelamento de dívidas tributárias federais vencidas até 30 de novembro de 2008.

Refis	Características (conclusão)
Lei nº 12.865/2013 e Lei nº 13.043/2014	O prazo de adesão ao programa de parcelamento do "Refis da Crise" foi reaberto até 31.12.2013 pelo artigo 17 da Lei nº 12.865/2013. Posteriormente, criaram-se mais três prazos de adesão, em 2014, sendo o último para 1º.12.2014, este pela Lei nº 13.043/2014.
Lei nº 12.973/2014 e Lei nº 12.996/2014	Pela Lei nº 12.973/2014, sem seu artigo 93, houve nova reabertura desse prazo, que finalizaria em 31.7.2014. Pela Lei nº 12.996/2014, artigo 2º, o prazo de adesão foi ampliado para 25.8.2014 (data fixada pela MP nº 651/2014), compreendendo os débitos vencidos até 31.12.2013.
Medida Provisória nº 766/2017 (Programa de Regularização Tributária)	Instituiu o Programa de Regularização Tributária junto à Secretaria da Receita Federal do Brasil e à Procuradoria-Geral da Fazenda Nacional.
Lei nº 13.496/2017	Instituiu o Programa Especial de Regularização Tributária (PERT) na Secretaria da Receita Federal do Brasil e na Procuradoria-Geral da Fazenda Nacional.

A última lei relacionada, vale destacar, adveio de um histórico legislativo bem peculiar. Inicialmente, através da Medida Provisória nº 783, de 31 de maio de 2017, foi instituído o Programa Especial de Regularização Tributária, estabelecendo como prazo limite para sua adesão a data de 31 de agosto de 2017.

No entanto, em 30 de agosto de 2017, um dia antes do encerramento do prazo fixado pela Medida Provisória nº 783, foi instituída a Medida Provisória nº 798, a qual, ao alterar algumas disposições da referida MP nº 783/2017, prorrogou o prazo de adesão dos contribuintes ao Programa Especial de Regularização Tributária até a data de 29 de setembro de 2017. Em continuidade às alterações, em 29 de setembro de 2017, foi instituída outra medida provisória, cujo número é 804, a qual, alterando mais uma vez as disposições existentes na Medida Provisória nº 783/2017, prolongou o prazo para a adesão dos contribuintes ao Programa Especial de Regularização Tributária até a data de 31 de outubro de 2017.

CAPÍTULO IX

ALGUMAS CONCLUSÕES E PROPOSTAS

9.1 A Constituição de 1988 fez desenvolver-se no Brasil ideias um tanto quanto românticas, dir-se-ia, figurativamente, dignas de *Cândido, ou o otimismo,* de Voltaire, *de juristas e pensadores capazes de crer que a inserção de princípios no sistema jurídico, sobretudo de natureza constitucional, teriam o condão de alterar situações fáticas graves, como a injustiça social, as desigualdades flagrantes existentes no Brasil. Exemplo disso foi a abandonada e inexequível proposta elaborada pela comissão de "notáveis", antecedendo os trabalhos da constituinte. Recorde-se.*

Em setembro de 1986, alguns meses antes de a Assembleia Nacional Constituinte iniciar seus trabalhos – o que aconteceu em fevereiro de 1987 –, uma comissão provisória criada pelo Executivo concluiu a elaboração de um anteprojeto de Constituição que, no entanto, acabou não sendo enviado oficialmente ao Congresso. Embora tivesse o nome de Comissão Provisória de Estudos Constitucionais, o grupo ficou conhecido como Comissão Afonso Arinos, pois seu presidente foi o jurista, ex-deputado federal e ex-senador Afonso Arinos de Melo Franco. Entre os 50 integrantes desse colegiado, estavam o empresário Antônio Ermírio de Moraes, o cientista político Bolívar Lamounier, o antropólogo e sociólogo Gilberto Freyre, o escritor Jorge Amado, o jurista Miguel Reale, o sindicalista José Francisco da Silva, o jurista Sepúlveda Pertence (então procurador-geral da República) e o economista Walter Barelli (na época diretor-técnico do Departamento Intersindical de Estatística e Estudos Socioeconômicos – Dieese). Os senadores José Sarney (PMDB-AP) e Cristovam Buarque (PDT-DF) também participaram desse processo: Sarney, então presidente da República, foi quem convocou a comissão, por meio do Decreto nº 91.450, de 18 de julho de 1985; Cristovam, professor que ainda não havia iniciado sua carreira política, estava entre os 50 integrantes do grupo.[125]

9.2 O Direito, em visão puramente academicista, não apresenta soluções adequadas para a sociedade (não se olvide o referido "desastre" que foi o enorme anteprojeto dos notáveis para a constituinte em 1987) e especificamente para os graves problemas que dificultam, empobrecem, os integrantes da sociedade brasileira. Mesmo a tramitação da Constituinte é um retrato do país. No início, enormes discussões sobre temas genéricos, sobre enunciados de princípios como os artigos 1º, 2º, 3º, 4º, 5º, 6º e 7º. Quando se passou a tratar de temas de maior concretude, parlamentares ligados ao setor econômico se agruparam, formando o chamado "centrão", que controlou os trabalhos inclusive e quando da votação do sistema tributário, da ordem econômica, dentre outros temas de maior relevo fático.

Richard Posner, ao final da obra já referida neste texto, bem ressalta:

> Gradually, legal education is becoming more practical (*obs.: nos EUA*). And because judges are practical rather than theoretical – doers rather than dreamers – the gap between the academy and the Judiciary should narrow. But probably not by a great deal. For the focus of a practical instruction in law school is bound to remain not on judicial behavior but on unsderstanding the tasks of junior associates in firms are asked to do. Those tasks involve legal research and analyzing documents produced pretrial discovery.

Posner conclui sua excelente análise, lembrando a figura de Alice no país das maravilhas, no caótico episódio *"trial of knave of Hearts"*, ressaltando que ele, como juiz, poderia ser acusado de apontar o distanciamento dos juízes e da academia, mas que *"the book is my Alice moment"*.

9.3 Em verdade, as excessivas inserções principiológicas não estão a contribuir para o aperfeiçoamento do sistema processual brasileiro. As incertezas decorrentes das suas aplicações, às vezes tardiamente, às vezes construídas por razões (verdadeiras), que não se limitam ao meramente processual, não contribuem para a redução do nível de conflitos na sociedade brasileira. Urge que haja efetiva mudança no sistema procedimental, ao lado de densas modificações estruturais e até culturais acerca do processo civil e da atuação do Poder Judiciário.

---

[125] Fonte: Agência Senado.

9.4 A cultura do *litígio* não pode ser utilizada como técnica econômica, mormente em um país em que se tem plena consciência da duração dos processos, muito longe da previsão constitucional, inserida pela Emenda Constitucional nº 45.

9.5 Em verdade, os dados estatísticos do CNJ demonstram não ter havido decréscimo na longevidade dos processos face a essa previsão constitucional da razoável duração do processo. Redução de longevidade decorreria e em alguns casos decorreu de avanços tecnológicos, como a transformação dos processos de físicos em digitais, com as comunicações eletrônicas através da *internet*, havendo, entretanto, necessidade de redução dos prazos nos quais esses atos (no mundo fático) praticados e que o sejam pelo julgador.

9.6 Não se pode esquecer a realidade na qual muitos atos privativos dos juízes são faticamente praticados por assessores, como por exemplo as decisões (em sua grande maioria) referentes à (in)admissibilidade de recursos especiais ou de recursos extraordinários.

9.7 O Novo Código de Processo Civil (Lei nº 13.105, de 16.03.2015) surge nesse mar revolto de incertezas, onde o direito material e processual sofre inúmeras oscilações interpretativas, fruto da enorme influência de uma principiologia fluída, onde, por vezes após longos períodos, muda-se o sentido de uma norma assente, fruto de um novo entendimento dos tribunais superiores, sobretudo do STF, que, por vezes, leva anos para ser assentado. Patente que muitas dessas alterações interpretativas ocorrem por razões metajurídicas, fruto da atuação de grupos de pressão da desigual sociedade brasileira. Exemplos típicos podem ser enumerados, quer no campo do processo civil, quer no campo do processo penal, ou de direito material, gerando, sem dúvida, uma grande insegurança jurídica. Quantos milhares de casos aguardam por anos a fio na incerteza dos resultados e das consequências econômicas dos passivos acumulados?

Relevante a observação de Gabriel Marques:

> Uma vez tendo sido criada pela EC 45/04, a repercussão geral no recurso extraordinário veio a ser regulamentada pela Lei 11.418/06. Tem sido alvo, ainda, de diversas mudanças regimentais no STF, com o objetivo de tornar o seu procedimento de apreciação mais eficaz. Os julgamentos de casos de repercussão geral no recurso extraordinário têm obtido ótimos resultados. Usando dados da Secretaria-Geral da Presidência do STF, efetuando-se comparação entre o 2º semestre de 2007 e o 1º semestre de 2014, foram devolvidos 108.770 processos, operando-se a redução na distribuição dos processos recursais em 64%, bem como a redução

no estoque de processos recursais em 58%. Ocorre que, por mais que os números de apreciação da repercussão geral sejam admiráveis, eles nem de longe são aptos a resolver o problema central do excessivo acúmulo de temas a serem apreciados pelo tribunal. Segundo informações obtidas pelo ministro Luís Roberto Barroso em 2014, levando em consideração a média anual de julgamento de casos de repercussão geral reconhecida, o STF pode levar mais de 12 anos para zerar o estoque. Atualizando os dados consultados à época pelo ministro, e também usando como fonte de pesquisa a Assessoria de Gestão Estratégica do STF, é possível alcançar os seguintes resultados. Processos sobrestados em razão da repercussão geral – 1.334.209. Processos *leading case* com repercussão geral reconhecida e com mérito pendente de julgamento – 325. Logo, mesmo tendo sido concebida como instrumento a serviço da redução, nas mais diversas instâncias, da grande quantidade de processos versando sobre questões idênticas, é paradoxal que ainda existam, no STF, tantos casos de repercussão geral com mérito pendente de julgamento. Tendo por base o ritmo atual de operação do tribunal, ainda podemos aguardar mais de uma década para o que estoque seja zerado.[126]

9.8 Inúmeros outros exemplos poderiam ser aqui citados. Perguntar-se-ia se o CPC em vigor há cinco anos ou a EC nº 45 atenuaram as dificuldades do processo civil brasileiro. A precisa resposta poderia ser obtida a partir de consultas ao banco de dados do CNJ[127] e ver-se-ia da inexistência de progressos com alguma expressividade.

9.9 Reduzindo o universo de análise, algumas considerações devem ser tecidas sobre o novo CPC. A primeira delas é no tocante a uma linha mestra, uma "filosofia" a pautar o novo texto.

9.10 Enquanto o Código de Processo Civil de 1973 pautou-se em uma linha mestra, influenciada pelo então Código de Processo Civil italiano, sob a influência de autores seguidores dessa linha, marcantemente Alfredo Buzaid, autor do anteprojeto que passou por uma meticulosa revisão de processualistas do porte de Luiz Machado Guimarães, José Frederico Marques e Luiz Antonio de Andrade, com a ulterior participação de José Carlos Barbosa Moreira, resultando ao final na Lei nº 8.869, de 11.01.1973, o CPC de 1973. O CPC atual é um texto sem "alma", fruto de um verdadeiro mutirão que deveria ter sido edificado a partir de uma proposta definida, voltada para o futuro,

---

[126] MARQUES, Gabriel. Disponível em: www.jusbrasil.com.br/artigos/305252765/stf-pode-levar-10-anos-para-zerar-estoque-da-repercussao-geral.

[127] Disponível em: www.cnj.jus.br/pesquisas-judiciarias/justica-em-numeros.

para o processo informatizado e digital, e não com olhos apenas no retrovisor doutrinário.

9.11 Em decorrência disso, outro aspecto facilmente constatável é que o Novo Código de Processo Civil, apesar de editado quando da transição do modelo de processos físicos para o de processos virtuais, parece mais em relação a esses últimos tratar de processos "físicos" digitalizados. A cultura e a modelagem não foram modernizadas.

9.12 O novo CPC teve uma construção (sem demérito para os participantes da elaboração) mais aligeirada que o anterior, muito voltada para a participação do advogado, com pressa de conclusão, sem uma espinha dorsal tão definida, procurando reforçar, como já visto, a referência aos princípios jurídicos gerais da Constituição e aos mais específicos referentes ao processo e ao processo civil. Essa preocupação da explicitação principiológica desviou o foco instrumental do processo civil. Perdeu-se um longo tempo com enumerações dessa natureza já inseridas na Constituição Federal e com a construção de outros princípios menores, alguns dos quais implicaram perda de velocidade dos procedimentos, como se destacou no curso deste trabalho.

9.13 Não é demais ressaltar a grande distinção do que aqui se fez, em comparação, por exemplo, com a motivação do Código de Processo Civil português, como já analisado. Além disso, aspectos que são destacados não se harmonizam com o novo texto, como as limitações às hipóteses de medidas de ofício tomadas pelo Magistrado; a necessidade exagerada, de ouvida da parte contrária, mesmo em hipóteses nas quais o resultado da decisão não será em desfavor do "não ouvido".

9.14 Por outro lado, as execuções não ganharam velocidade; os prazos processuais, em todas as fases, foram alongados com a contagem apenas de "dias úteis", mesmo em se tratando de processo eletrônico. Poder-se-ia ter evoluído, com a possibilidade de utilização de oficiais de execução privados (no modelo português, com a criação de *cédulas de crédito judicial* e tantos outros mecanismos mais atuais e eficientes que a roupagem dada aos cumprimentos de sentença no "novo CPC").

9.15 As execuções face à Fazenda Pública não foram devidamente aperfeiçoadas, o que teria ocorrido, por exemplo, com a redução da aplicação dos Precatórios apenas a débitos de maior valor e a expedição de *cédulas de crédito judicial, aptas inclusive a quitar tributos.*

9.16 O que se apresenta como modesta e efetiva proposta neste trabalho é que haja verdadeira reforma no *Processo Civil Brasileiro*, que, efetivamente, não foi realizada com o Código que entrou em vigor em 2015. Em verdade, para que tal venha a acontecer, mister se fará que os verdadeiros pontos de estrangulamento do processo sejam estancados sem perda dos princípios constitucionais processuais, como aqui se exemplifica:

a) Volta do sistema de contagem de prazo por dias corridos, com supressão das "férias brancas" para os advogados, implantadas pelo Novo CPC;

b) Simplificação dos sistemas de comunicação processual, inclusive das intimações e citações dos entes públicos que contam, regra geral, com procuradorias devidamente estruturadas, podendo receber todas as comunicações por via eletrônica;

c) Previsão de sistema de custas progressivas, de relevante valor para acesso às Cortes Superiores (inclusive com previsão de pagamentos, para os entes públicos), podendo, no máximo, postergar-se o pagamento para o final do processo;

d) Volta ao sistema de extinção do processo sem a necessidade de ouvida obrigatória da parte, quando for flagrante a inexistência de direito (algo que já existia no Decreto nº 848, de 11.10.1890, que foi o primeiro "Código de Processo Civil" da Justiça Federal;

e) Possibilidade de produção de provas extrajudicialmente, quando as partes não forem hipossuficientes. Essa é uma alternativa que deveria ter sido utilizada pelo novo Código de Processo Civil. Imagine-se um litígio entre uma grande indústria e uma instituição financeira de porte. A instrução, ambas assistidas por advogados, poderia ser extrajudicial, perante um tabelião, após a conclusão, juntar-se-iam as peças aos autos, reduzindo a atividade judicial ao mais relevante: *o julgamento*;

f) Poder-se-ia também fixar as pautas obrigatórias de instrução, com a fixação *ab initio* das datas, locais e horários dos atos;

g) Possibilidade de utilização de "oficiais de diligências" não judiciais para agilizar as execuções, tal como existentes em outros países, como o caso de Portugal;

h) Alteração dos valores aos quais são aplicáveis os precatórios judiciais, o que poderia ser em relação à condenação que excedesse, p. ex., quinhentos salários mínimos;

i) Nas desapropriações de qualquer espécie, não haver imissão de posse a não ser após perícia preliminar, com depósito do justo preço, em dinheiro, ou em títulos públicos nas hipóteses de desapropriação pra fins de reforma agrária, ou com base no estatuto da cidade. Nem haver, também, remessa oficial em desapropriações;

j) Ampliação dos filtros de acesso aos Tribunais Superiores, inclusive para os entes públicos, com a previsão de depósitos de garantia e honorários advocatícios e custas processuais ampliadas;

CAPÍTULO IX
ALGUMAS CONCLUSÕES E PROPOSTAS | 147

k) Estímulo às soluções extrajudiciais de conflito, como arbitragens e mediações, mormente quando não envolvendo hipossuficientes;

l) Criação das cédulas de crédito judicial (negociáveis);

m) Progressiva ampliação da utilização da inteligência artificial a partir de alimentação de elementos jurídicos elaborados pelos juízes.

9.17 Enfim, o que se pretendeu aqui afirmar e defender é que efetiva mudança no Direito Processual Civil brasileiro só se dará com uma avaliação rigorosa interdisciplinar, visando fazer com que os procedimentos sejam instrumentos céleres para a efetiva aplicação da constituição e do ordenamento jurídico e não tortuosos e dispendiosos caminhos para postergação da justiça.

9.18 Mister se faz que verdadeiras transformações sejam efetuadas no processo civil, sob pena de cada vez mais vê-lo transformado em um mecanismo obsoleto para a solução de conflitos, dentre essas mudanças está a automação, agilização das comunicações, redução de prazos, produções de provas extrajudicialmente, execuções simplificadas, redução das hipóteses de cabimento de recursos excepcionais (extraordinário e especial), dentre outras.

9.19 A retórica principiológica, barroca, cada vez mais vai se distanciando da sociedade hodierna, que necessita de decisões justas, céleres e com eficácia. O prazo médio de oito anos e onze meses entre a propositura da ação e o cumprimento da decisão transitada em julgado é incompatível com o estágio atual de desenvolvimento humano e com uma sociedade minimamente democrática.

9.20 Não se pode olvidar o que aqui foi apresentado no sentido de que o tratamento jurídico dado a pessoas físicas e jurídicas para reconhecimento e efetivação de seus direitos não é isonômico no Brasil. Observem-se os exemplos aqui citados das chamadas "ilhas de eficiência", que, em princípio, não alcançam a base da sociedade.

9.21 Mister seria que as ações se iniciassem por petições eletrônicas (formulários), com memoriais anexos, com cópias de todos os documentos disponíveis e o recolhimento das custas. Ao receber a petição, o juiz, ou mesmo servidor qualificado, já daria ciência da pauta eletrônica para a qual já estaria previamente intimado; o que também se daria com a citação; todos os advogados, obrigatoriamente, teriam seus e-mails cadastrados e seriam por eles intimados inclusive das pautas prévias; os prazos para alegações – sobre documentos, finais e recursais, seriam comuns, afinal, as manifestações devem ser sobre as provas e os fatos e não sobre as manifestações dos outros (há no Brasil uma enorme distorção sobre conceitos de contraditório e ampla defesa – para tal basta que se veja o julgamento do STF sobre o desdobramento dos prazos sequenciados para alegações finais de réus delatores e "resistentes").

9.22 Por outro lado, relevante seria a cultura de *seguro-litígio*, na qual aquele (usualmente não litigante) firmaria um contrato, e a seguradora em situações de litígio potencial, ou efetivo, assumiria o papel da parte na lide. Tal como existente em outros países seria um redutor de conflitos. Pode-se exemplificar em questões bastante simples, como choque em veículos automotores, acidentes, responsabilidade civil, dentre outras.

9.23 Já no tocante à Administração Pública, a redução de privilégios processuais, como a remessa oficial; a ampliação dos valores para pagamentos por RPVs, a penalização da costumeira litigância de má-fé seria relevante.

9.24 De outra banda, a automação em causas comuns, onde o computador programado pelo Judiciário daria uma primeira resposta, talvez a definitiva em questões simples (vide VALENTINI, Romulo Soares. *Julgamento por computadores*. As novas possibilidades da juscibernética no século XXI e suas implicações para o futuro do Direito e o trabalho dos Juristas (tese de doutorado – UFMG, disponível no repositório.ufmg.br, Belo Horizonte, 2017).

9.25 A previsão de resultados pelos sistemas de inteligência artificial é uma realidade, como bem leciona *Rob Toews*:

Litigation Prediction
A handful of AI teams are building machine learning models to predict the outcomes of pending cases, using as inputs the corpus of relevant precedent and a case's particular fact pattern. As these predictions become more accurate, they will have a major impact on the practice of law. For instance, companies and law firms are starting to use them to proactively plan their litigation strategies, fast-track settlement negotiations and minimize the number of cases that need actually go to trial. (AI Will Transform The Field Of Law). Toronto-based Blue J Legal is one startup developing an AI-powered legal prediction engine, with an initial focus on tax law. According to the company, its AI can predict case outcomes with 90% accuracy. "We are already starting to see significant advantages being gleaned by sophisticated parties leveraging machine learning legal prediction technologies," said Blue J Legal CEO Benjamin Alarie. "In the next ten years, these algorithmic technologies will become the natural starting point for legal advice." A related use case for AI is in litigation finance, a practice in which a third party funds a plaintiff's litigation costs in return for a share of the upside if the plaintiff's case is successful. AI is supercharging litigation finance by enabling investors to develop

more sophisticated, data-driven assessments of which cases are worth backing. One startup doing particularly interesting work in this area is Legalist. In the words of U.S. Supreme Court great Oliver Wendell Holmes, presciently written over a century ago, "For the rational study of the law the blackletter man may be the man of the present, but the man of the future is the man of statistics.[128]

Relevantes as palavras de Tania Sourdin:

The impact of AI on the justice system is significant as it has the capacity to be blended with existing adjudicatory or non-adjudicatory processes, and there have been questions raised about these processes will have an impact on the role of lawyers and judges as technology replaces some human decision-making and analysis processes.56 It seems well accepted that the impact the justice sector is likely to be significant and there are numerous predictions that AI together with other advances will mean that many current employment arrangements will no longer exist in 20 years with many current tasks being replaced by AI supported processes.57 However, there has so far been little discussion about more senior legal sector roles and whether these developments (and the creation of Judge AI) will mean that judicial work will change with some judges being completely replaced by newer Technologies... learly some aspects of judicial work will be conducted by technological processes into the future, particularly where AI systems can be built. In this regard, legal information and AI systems can already use sophisticated 'branching' and data searching technology to create elaborate decision trees that can suggest outcomes to disputes.58 In addition, more evolved AI supports systems which do not just emulate human intelligence but create additional and different intelligent systems – neural networks.59 Essentially, what takes place is that the system asks a number of questions or uses existing data about users and poses questions about the dispute to enable an accurate description of the dispute to be built. The computer then forms a conclusion by applying the law to the dispute description.[129]

9.26 No futuro, dúvida não se pode ter que o trabalho dos julgadores será o de formular padrões de interpretação para serem inseridos nos mecanismos de inteligência artificial, que, quando o caso for apresentado, poderão processá-lo e aplicar os códigos de interpretação adredemente elaborados. Dúvida não se pode ter quanto a isto. Afinal,

---

[128] AI Will Transform the Field of Law. Disponível em: https://www.forbes.com/sites/robtoews/2019/12/19/ai-will-transform-the-field-of-law.

[129] JUDGE V ROBOT? ARTIFICIAL INTELLIGENCE AND JUDICIAL DECISION-MAKING, in: UNSW Law Journal, vol. 41(4) 1114.

em comparação grotesca, após mais de trinta anos de magistratura posso afirmar que 99,9% dos casos a julgar são mais simples que jogos de xadrez e computadores apenas médios são difíceis de vencer nesses jogos.

9.27 O ser humano não será substituído na arte de julgar, apenas a ele será destinado papel mais nobre, que possibilitará aos outros seres humanos justiça com mais perfeição, mais celeridade.

9.28 Nessa linha, ou iniciando a viagem nessa linha, não seguiu o Novo CPC.

REFERÊNCIAS

ALBUQUERQUE, Mario Pimentel. *O órgão jurisdicional e sua função*. Estudos sobre a ideologia, aspectos críticos e controle do Poder Judiciário São Paulo: Malheiros, 1997.

ALEXY, Robert. Epílogo a la teoría de los derechos fundamentales. *In: Revista Española de Derecho Constitucional*. Madrid: Centro de Estudios Políticos y Constitucionales, n. 66.

ANDRADE, Robson Braga de. *Os danos da insegurança jurídica para o Brasil*. Disponível em: veja.abril.com.br/economia/os-danos-da-inseguranca-juridica-para-o-brasil. Acesso em: 14 fev. 2020.

AUSTRALASIAN LEGAL SCHOLARSHIP JORNAL, disponível em: http://www.austlii.edu.au/au/journals/FedJSchol/2009/17.html, acesso em: 12 jan. 2020.

ÁVILA, Humberto. *A teoria dos princípios*. Da definição à aplicação dos princípios jurídicos. 12. ed. São Paulo: Malheiros.

BARROSO, Luís Roberto. *Curso de Direito Constitucional Contemporâneo*. São Paulo: Saraiva, 2009.

BARROSO, Luís Roberto. Princípios da interpretação especificamente constitucional. *In: Interpretação e aplicação da Constituição*. 4. ed. São Paulo.

BARBOZA, Diogenys de Freitas. Fisco deve flexibilizar regras para exclusão de programa de parcelamento de débitos. Disponível em: http://www.conjur.com.br/2018-mar-16/diogenys-barboza-fisco-exclusao-programa-parcelamento. Acesso em: 10 jan. 2020.

BELLO FILHO, Ney. *Sistema constitucional aberto*. Belo Horizonte: Del Rey, 2003.

BOCKMANN MOREIRA, Egon. *Arbitragem e PPPs*. Disponível em: http://www.direitodoestado.com.br/colunistas/egon-bockmann-moreira/arbitragem-e-ppps, ano 2015, n. 49.

BONICIO, Marcelo José Magalhães. *Princípios do Processo no novo Código de Processo Civil*. São Paulo: Saraiva, 2016.

BRANDÃO, Paulo Roberto de Macedo. A constitucionalização do Código de Processo Civil de 2015 através da incorporação dos princípios e normas fundamentais e seu impacto para o novo modelo processual. *In: Estudos contemporâneos sobre o Código de Processo Civil de 2015*, Recife, vol. V, 2019.

BURTET, Tiago Machado. *Cédulas de Crédito no Registro de Imóveis*. São Paulo: IRIB. Disponível em: www12.senado.leg.br/ril/edições/50/1977.

CALISTO, Rubens Alexandre E. O devido processo legal. *In: Revista Eletrônica da Faculdade de Direito de Franca*, vol. 11, n. 2, dez. 2016.

CÂMARA, Alexandre Freitas. *O novo processo civil brasileiro*. 5. ed. São Paulo: Gen\Atlas 2018.

CAMBI, Accacio. O novo processo civil à luz de alguns princípios constitucionais. *In: Revista juris Plenum*, Caxias do Sul, ano XV, n. 89, set. 2019.

CANARIS, Claus-Wilhelm. *Pensamento sistemático e conceito de sistema na ciência do direito.* 3. ed. Lisboa: Fundação Calouste Gulbenkien, prefácio de Antonio Manuel da Rocha Menezes Cordeiro.

CANOTILHO, J. J. Gomes. *Constituição dirigente e vinculação do legislador*: contributo para a compreensão das normas constitucionais pragmáticas. Coimbra: FDUC\teses, 1983 (tese de doutoramento).

CANOTILHO, J. J. Gomes. *Direito constitucional e teoria da constituição.*

CARDOSO, Oscar Valente. Normas fundamentais do Novo Código de processo Civil: princípios da fundamentação e da publicidade e regra da ordem cronológica de julgamento. *In: Revista Dialética de Processo Civil*, São Paulo, n. 147, jun. 2015.

CASSARETI, Christiano. *Registro de Imóveis II*. São Paulo: Saraiva, 2013.

CAVALCANTI, Francisco. Considerações sobre a aplicação da arbitragem nos conflitos envolvendo a administração pública. *In: Revista Acadêmica* – UFPE, Recife, vol. 87, n. 2.

CAVALCANTI, Francisco. *A reforma trabalhista e a Constituição de 1988*. Belo Horizonte: Fórum, 2018.

CAVALCANTI DA ROCHA, José Carlos Vieira. A remessa necessária: análise à luz dos princípios constitucionais e do código de processo civil. *In: Revista Direito e Liberdade – RDL*, Natal, vol. 20, set./dez. 2018.

CNJ: JUSTIÇA EM NÚMEROS 2019. Brasília – relatório analítico (cnj.jus.br/pesquisas-judiciarias/justica-em-numeros).

CONSTITUCIÓN DE LA NACIÓN ARGENTINA (TEXTO OFICIAL – http://servicios.infoleg.gob.ar/infolegInternet/anexos).

COTA, Samuel Paiva; MORAES BAHIA, Alexandre Gustavo Melo Franco. O modelo constitucional do processo e suas benesses: a reconstrução da teoria dos precedentes no direito brasileiro vs. a compressão equivocada do seu uso no Brasil. *Revista de Processo*, São Paulo, vol. 260, out. 2016.

CRUZ, João Claudino de Oliveira. *Dos recursos no Código de Processo Civil*. 2. ed. Rio de Janeiro: Forense, 1959.

CRUZ E TUCCI, José Rogério. As garantias constitucionais do processo civil no aniversário dos 30 anos da Constituição Federal. *In: Revista do Advogado*, São Paulo, n. 140, nov. 2018.

CRUZ, João Claudino de Oliveira. *Dos recursos no Código de Processo Civil*. 2. ed. Rio de Janeiro: Forense, 1959.

DIDIER JR., Fredie. *Curso de Direito Processual Civil*. Introdução ao direito processual civil, parte geral e processo de conhecimento. 21. ed. Salvador: Juspodivm, 2019.

DINAMARCO, Candido. *A instrumentalidade do processo*. São Paulo: RT, 1987.

DONIZETTI, Elpídio. *Remessa Necessária*. Disponível em: http://genjuridico.com.br/2017/08/23/remessa-necessaria-art-496-cpc2015.

REFERÊNCIAS | 153

FERNANDES, Luciana Medeiros. *Soberania e processos de integração.* 2. ed. Curitiba: Juruá, 2007.

FERREIRA, Waldemar Martins. *História do Direito Constitucional Brasileiro.* 2. ed. São. Paulo: Gen/ Forense, 2019.

GAGNO, Luciano Picolo. O novo CPC e o modelo constitucional do processo. *In: Revista Dialética de Processo Civil,* São Paulo, n. 148, jul. 2015.

GAIA, Marcos A. Monteiro. Preocupantes reflexões com a implementação da nova técnica procedimental de julgamentos não unânimes no CPC renovado. *In: Revista Dialética de Processo Civil,* São Paulo, n. 147, jun. 2015.

GARCIA, Carolina. *Segurança Jurídica nos Contratos de Planos de Saúde no Brasil.* Marília, 2007.

GOMES, Orlando. *Alienação fiduciária em garantia.* São Paulo: RT, 1971.

GRINNOVER, Ada Pellegrini. *As garantias constitucionais do Direito de ação.* São Paulo: RT, 1973.

GUSMÃO, Helvécio de. *Direito Judiciário civil.* Rio de Janeiro: Livraria Jacyntho, 1932.

JUDGE V ROBOT? ARTIFICIAL INTELLIGENCE AND JUDICIAL DECISION-MAKING, *in: UNSW Law Journal,* vol. 41(4) 1114.

LAGES, Cintia Garabini; CHAMON JUNIOR, Lúcio Antônio. Acerca da segurança jurídica e da uniformidade das decisões a partir do novo código de processo civil à luz do modelo constitucional do processo brasileiro. *Revista Brasileira de Políticas Públicas,* Brasília, vol. 7, n. 2, 2017.

LEITE, Gisele. Considerações sobre o modelo constitucional de processo. *Revista Jurídica,* São Paulo, ano 68, jan. 2019.

MARCATO, Antonio Carlos (Coord.). *Código de Processo civil interpretado.* 3. ed. São Paulo: Atlas, 2008.

MARQUES, José Frederico. *Instituições de Direito Processual Civil,* vol. I. 1. ed. Rio de Janeiro: Forense, 1958.

MEDINA, José Miguel Garcia. No novo CPC, a ordem cronológica de julgamentos não é inflexível. Disponível em: www.conjur.com.br/2015-fev-09/processo-cpc-ordem-cronologica-julgamentos-nao-inflexivel. Acesso em: 07 jan. 2020.

MELO, Amanda. Arbitragem no setor comercialização de energia elétrica no Brasil. Disponível em: www.acerislaw.com/arbitragem no setor de comercialização de energia elétrica no Brasil/. Acesso em: 25 jun. 2019.

MENDES, Afonso. *O novo CPC e os princípios constitucionais:* um avanço da pós-modernidade, *in:* https://jus.com.br!jusnavegandi.

MIRANDA, Jorge. *Manual de direito constitucional* / Jorge Miranda. 7. ed. Coimbra: Coimbra Editora, tomo II, 2013.

MITIDIERO, Daniel Francisco. *Processo e Constituição:* as possíveis relações entre o processo civil e o direito constitucional no marco teórico do formalismo-valorativo e; elementos para uma teoria contemporânea do processo civil. Porto Alegre: Livraria do Advogado, 2005.

MOREIRA, Rui. *Os princípios estruturantes do processo civil português e o projecto de uma nova reforma do processo civil*. Lisboa: CEJ, 2013.

MOREIRA ALVES, José Carlos. *Da alienação fiduciária em garantia*. 3. ed. Rio de Janeiro: Forense, 1987.

MORO, Luís Carlos. Definir razoável duração do processo, disponível em: https://www.conjur.com.br/2005-jan. 23.

MORO, Luís Carlos. Como se define a "razoável duração do processo", prevista na Reforma. Disponível em: http://www.conjur.com.br/2005-jan-23/definir_razoavel_duracao_processo. Acesso em: 12 fev. 2020.

NEGRÃO, Theotônio. *Código de processo civil e legislação em vigor*. 42. ed. São Paulo: Saraiva, 2010.

OLIVEIRA E CRUZ, José Claudino. *Dos recursos no processo civil*. 2. ed. Rio de Janeiro: Forense, 1959.

PARADA, André Luis N. Análise crítica das decisões do Tribunal de Contas da União acerca da utilização de arbitragem em contratos administrativos. *In: Revista de Direito Administrativo*, Rio de Janeiro, n. 271, 2016.

PATERSON, Alan. *Duties to the Court, in:* https://strathprints.strath.ac.uk/4793/1/strathprints004793.pdf.

PLÁCIDO E SILVA. *Comentários ao Código de Processo Civil*. 2. ed. Curitiba: Ed. Guaíba, 1941.

PONTES BONFIM, Thiago Rodrigues. *Os princípios constitucionais e sua função normativa*. Salvador: Juspodivm, 2000.

PONTES DE MIRANDA, Francisco. *Comentários ao Código de Processo Civil*, tomo I. 2. ed. Rio de Janeiro: Forense, 1958.

PONTES DE MIRANDA, Francisco C. *Comentários ao Código de Processo Civil*. 2. ed. Rio de Janeiro: Forense, 1958, vols. II e V.

POSNER, Richard A. *Divergent Paths*. The Academy and the Judiciary. Cambridge\Massachusetts \ London: Harvard University Press, 2016.

REALE, Miguel. *Filosofia do direito*. 16. ed. São Paulo: Saraiva, 1994.

REGO, Carlos Lopes. *Os princípios orientadores da reforma do processo civil em curso*: o modelo da acção declarativa. Coimbra: Julgar, n. 16, 2012.

RELATÓRIO JUSTIÇA EM NÚMEROS 2019 – Brasília: CNJ, 2019 (constante do portal www.cnj.jus.br).

REVISTA CONSULTOR JURÍDICO. Sancionada lei que submete honorários de advogados públicos ao teto. Disponível em: www.conjur.com.br/2019-dez-23/sancionada-lei-limita-honorarios-advogados-publicos-teto. Acesso em: 18 mar. 2020.

SANTOS, Boaventura de Sousa. *Construindo a epistemologia do sul*. Buenos Aires: Clasco, 2018.

SANTOS, Boaventura de Sousa. *Para uma revolução democrática da Justiça*. 3. ed. São Paulo: Cortez 2017.

REFERÊNCIAS | 155

SCARPINELLA BUENO, Cássio. *Manual de direito processual civil*. 4. ed. São Paulo: Saraiva, 2018.

SÉRVULO CORREIA, José Manoel. *Direito do Contencioso Administrativo*. Lisboa: LEX, 2005.

SILVA, José Afonso da. *Comentário contextual à Constituição*. 2. ed. São Paulo: Malheiros: 2006.

STELZER, Manfred. *An introduction to Austrian Constitutional Law*. Wien: LexisNexis, 2014.

TEIXEIRA, Sérgio Torres (Coord.). *Estudos contemporâneos sobre o Novo CPC*. Vol. II. Recife: Nossa Livraria, 2017.

TEIXEIRA, Sérgio Torres (Coord.). *Estudos contemporâneos sobre o Novo CPC*. Vol. V. Recife: Nossa Livraria, 2019.

THAMAY, Rennan F.; RODRIGUES, Rafael R. Fundamentos e princípios do novo Código de Processo Civil. *In*: *Revista jurídica luso-brasileira*, RJ \ Lisboa, ano 2, n. 2, 2016.

THEODORO JUNIOR, Humberto. O compromisso do projeto de novo Código de Processo civil com o processo justo. *Revista de Informação Legislativa*, Brasília, ano 48, n. 190, abr./jun. 2011.

TOEWS, Rob. *AI will transform the field of law*, disponível em: http://www.forbes.com/sites/robtoews/2019/.

VALENTINI, Romulo Soares. *Julgamento por computadores*. As novas possibilidades da jus cibernética no século XXI e suas implicações para o futuro do Direito e o trabalho dos Juristas (tese de doutorado – UFMG, disponível no repositório.ufmg.br – Belo Horizonte 2017).

VARDI, Nathan. The 2% Solution: Inside Billionaire Robert Smith's Bold Plan to Funnel Billions to America's Black-Owned Businesses. Disponível em: https://www.forbes.com/sites/robtoews/2019/12/19/ai-will-transform-the-field-of-law. Acesso em: 04 jan. 2020.

VIEIRA DE ANDRADE, José Carlos. *Os direitos fundamentais na constituição portuguesa de 1976*. 5. ed. Coimbra: Almedina, 2012.

valor.globo.com/legislação/noticia/2020/02/06, edição 6 fev. 2020.

www.portugalribeiro.com.br

www.cnj.jus.br

www.sra.org.uk, acesso em: 02 jan. 2020.

www2.camara.leg.br, acesso em: 16 fev. 2020.

Esta obra foi composta em fonte Palatino Linotype, corpo 10
e impressa em papel Offset 75g (miolo) e Supremo 250g (capa)
pela Gráfica Laser Plus.